JN302475

先生も生徒も驚く日本の「伝統・文化」再発見

松藤 司

学芸みらい社
GAKUGEI MIRAISHA

まえがき

私はあるキャリアスクールで日本の伝統文化の講座を担当しています。日本語教師の資格をもった方々が講座を受けにやってきます。その方々が口々にいいます。

「外国人に日本語を教えているが、外国人から日本の文化を教えてくださいといわれても何も答えられない。そんな自分を情けなく思っていました」と。

教えられている外国人が自分の国の文化について誇りをもって話している姿を見て、日本の文化について話せない自分が情けなくなったというのです。

日本の文化を知らない大人が増えているのは、教えられてこなかったからです。戦後、日本の文化は継承されなくなりました。七夕やお月見など、かつてどの家庭でもやっていた行事を、今では見かけることが少なくなりました。日本の素晴らしい伝統や文化を多くの人々、とりわけ日本の未来を担う子どもたちに伝えていく必要性を感じ、主として教員の方々向けに本書を執筆しました。

本書は小・中学校の授業を活性化させるためだけでなく、一般の方が読んでも日本の文化の素晴らしさを十分味わうことができるように執筆したつもりです。中学生でも理解できるように平易な文章で書きました。

本書の内容は、国語科や社会科など多岐にわたっています。しかも、今まで常識と思われていたことを覆す内容や、日本の文化の謎ともいえる驚くべき事実も盛り込みました。

たとえば、日本人は改まった場では正座をしますが、この正座はいったいいつ頃からするようになったのでしょう。私は大学でも日本の伝統や文化について教えていますが、大学生に聞くと、平安時代、江戸時代といろいろな意見が出てきます。大学生だけでなく、一般の社会人でも同じような傾向が見られます。

しかし実は、正座は江戸時代に武士の社会において始められ、明治になって一般庶民に広まりました。正座だけではありません。寺子屋の教育も封建社会のことだから、さぞ厳しかっただろうと思っている人がたくさんいます。ところがそうではありません。驚くほど自由でおおらかな教育でした。詳しいことは本書を読んでいただければ理解できると思います。

今まで知らなかったことを知る喜び、今まで思い込んでいたことが実は間違いだった、ほんとうはこうだったと新しい事実を知る驚きを、子どもたちに味わわせてほしいのです。

各節の最初には、小・中学校で学習する基本となる学習指導要領のどの部分と関連するか、簡単な解説を入れました。活用していただければ幸いです。

末筆になりましたが、本書を出版する機会をつくっていただいた学芸みらい社の青木誠一郎社長に心から感謝の意を表します。

先生も生徒も驚く日本の「伝統・文化」再発見　目次

第三章　太平の世に発展した江戸文化　87

第五章　日本伝統文化継承運動　149

第一章

自然との調和こそが日本文化の本質

第一節　対立か調和か。文化と自然の深い関係

【先生方へ】
森林破壊、生態系について、オオカミをネタに展開しています。稲作が日本の森林を守ったこと、そして、日本の伝統や文化も生んだことをわかりやすく紹介しました。小学校五・六年、中学校の社会科、総合的な学習の環境問題、環境保全の単元で活用可能です。中学校の社会科では、文化と文明の違いに焦点をあてながら授業を組み立てていくこともできます。

1　ヨーロッパでオオカミが悪役なのはなぜ？

一八世紀初めに出版された「グリム童話」には、二〇〇ほどの民話が載っています。そのなかには「オオカミと七匹の子ヤギ」「赤ずきん」「三匹の子ブタ」等、オオカミが登場するお話が多くあります。これらのお話ではオオカミは悪役として扱われています。なぜオオカミは悪役になったのでしょう。

それには、実は生態系が大きく関わっているのです。

地球の歴史をみると、氷期と間氷期が約一〇万年の周期で繰り返されてきました。氷期から間氷期に移るときに気温が上昇し、温暖になります。過去二〇〇〇年間は小規模な気候変動ですが、それでも人類に与える影響は大きかったようです。温暖な気候のときには食料が増え、人口が増えました。そのため、人々は燃料である薪や木炭を作るために森林を伐り倒しました。

薪は食料を焼いたり煮たりするためだけに使われたのではありません。

エジプト、メソポタミア、インダス、黄河の四大文明やヨーロッパでは、レンガを使った建築様式です。このレンガを焼くときにも大量の薪が使われました。イースター島ではモアイ像の建造にも大量の薪が使われました。

それだけではありません。農具や武器として使われた青銅や鉄を作るためにも薪が必要でした。金属は青銅器の発明によって普及するようになりました。しかし、青銅器を製造することで多くの木が使われました。そして、鉄の出現により、驚くほどたくさんの木が使われるようになりました。一六世紀のイギリスでは、鉄六万トンを作るのに、木炭がその二倍の一二万トンも使われました。さらに、この木炭を作るのに生木をたくさん使いました。どれくらい使ったと思いますか。

なんと一二〇万トンも使われたのです。すなわち、六万トンの鉄を作るのに、生木が二〇倍の一二〇万トン使われたわけです。毎年六〇万平方キロメートルの森林、甲子園球場の四〇倍もの森林がなくなっていったといいます。

やがて、気候は寒冷化します。食料が少なくなり、植物を栽培しようと思っても草原化した土地では何も育ちません。

人々の栄養状態は悪くなり、疫病が広がっていきました。人々は住んでいた土地を捨て、食料を求めて温暖な土地へと移動していきました。

こうして文明は崩壊していったのです。これが文明崩壊のシナリオです。このサイクルが繰り返されました。森林だった土地が草原化し、さらに砂漠になっていきました。いわゆる「悪魔のサイクル」が続いたのです。

森林がなくなった土地から森林の豊富な土地へ移動した人類は、そこでまた森林を破壊することを繰り返しました。

ヨーロッパでは、オオカミは家畜の山羊や羊を襲うため、人間の敵でした。だから森林を切り拓き、牧場を広げる途上でオオカミは殺されていきました。「グリム童話」に出てくるお話でオオカミが悪役なのは、このような理由からです。しかし、オオカミは大切な役割も果たしていたのです。

一四世紀、モンゴル帝国の支配下で、アジアとヨーロッパを結ぶ交易が盛んになりました。この交易品に毛皮がありました。

この毛皮には、ペスト菌がついていました。やがて、ペストはネズミに付着しているノミから人に伝染するようになりました。ペストにかかると二、三日で寒気、高熱が起きます。リンパ腺がおかされると一週間で死んでしまいます。致死率は五〇から一〇〇パーセントでした。肺にまわると二、三日で死んでしまいました。このときの致死率はなんと一〇〇パーセントでした。

このネズミを退治してくれていたのがオオカミだったのです。

オオカミのいなくなった中世ヨーロッパでは、食料事情も悪く不衛生な都市に、ペストは驚くほどの早さで広がっていきました。全人口の三分の一が亡くなり、五年で全ヨーロッパに広がりました。

中世ヨーロッパでペストが広がった時期は寒冷期でした。食料が少なく、人々の栄養状態もよくなかったのです。

この寒冷期の前は温暖期でした。温暖期には森林は破壊され、オオカミは殺されていきました。そのため、ネズミを退治するオオカミがいなくなり、ペストはヨーロッパに広がったのです。

この寒冷期の前にも寒冷期がありました。西暦六〇〇年頃にもペストが流行しました。ところが、この時代には、ヨーロッパ全土にペストは広がりませんでした。まだ森林があったからです。

森林を破壊し、オオカミを殺したことによって生態系が大きく崩れてしまった結果、ペストが全ヨーロッパに広がり大惨事が起きたのです。

2　日本では、オオカミは大神だった！

日本でも、オオカミはあまりよい印象を与えていません。もちろん、日本オオカミは絶滅しています。なぜ日本オオカミは絶滅してしまったのでしょう。

本来、オオカミは人を襲いません。襲うようになったのは江戸の享保の時代、狂犬病が日本に入ってきてからです。狂犬病にかかったオオカミは人間を襲うようになりました。そのため殺されるようになったのです。

オオカミは家族単位で移動します。だから、絶滅も早かったと思われます。一九〇五年、奈良県で見つかったオオカミが最後の日本オオカミだといわれています。

しかし実は、古代から、日本ではオオカミは崇められていたのです。掛図や御守、絵馬にオオカミの絵が描かれている神社がたくさんあります。神社の門前に置かれている狛犬の中には、オオカミ像もあります。

日本ではオオカミは「大きな神」だったのです。オオカミという漢字はけものへんに良と書きます。日本では、オオカミは畑の作物を食い荒らす鹿や猪を撃退してくれる動物だったのです。

ヨーロッパの牧畜文明、日本の稲作文明がオオカミの見方を変えたといってよいでしょう。

さて、オオカミがいなくなった日本では、どのようなことが起きたのでしょう。現在、奈良県の大台ヶ原では鹿によって木々が根っこまで食い荒らされ、森林が枯れるという現象が起きています。

大台ヶ原だけではありません。二〇〇七年六月一二日の毎日新聞にも「シカの食害、深刻」という記事が載りました。鹿が植物を食い荒らし、生態系に影響を与えているというのです。

自然はみんなつながっています。何一つとして無駄なものはありません。私たち人間の身勝手なやり方が生態系の機能を奪ってしまうのです。

ヨーロッパは牧畜文明であり、そのために森林破壊が始まったと書きました。

人々は森林を伐り倒し、畑地や牧草地を作りました。畑には小麦の種をまき育てました。同じ土地で同じ作物を育てていると、やがて土地はやせていきます。小麦は同じ場所では作れません。次の年は違う土地に移り育てました。

ところが、稲は違います。稲は水田で育てます。水田には山々から流れてくる栄養を含んだ水があります。この水が稲を育てます。だから、稲は毎年同じ土地で育てることができるのです。

しかも、日本は高温多湿の気候です。この気候のため夏には雨が多く、植物も驚くほど早く育ちます。

また、日本人は木を伐った後、そこに新しく木を植えました。植林です。

やがて植林した木が生長します。一二年目ぐらいになると再び伐採して使いました。この短い周期が日本人に植林という智恵を授けたともいえます。

私たちの祖先は、植林すれば自分が生きているうちに生長するということを経験的に知っていたのではないでしょうか。木が植えられた林は、約四〇年かかってまったく新しい林に変わったそうです。

稲作になってから定住生活が始まったと、小・中学校の社会科の授業で学習しました。ところがそうではないのです。すでに縄文時代から定住生活が始まっていました。青森県で発見された三内丸山遺跡では、豊かな魚介類を食料とし、どんぐりが栽培されていたといいます。

どんぐりの木は栽培しないと真っ直ぐな木にはなりません。丸山遺跡の象徴である大きな櫓《やぐら》の木はどんぐりの木です。あの太く真っ直ぐに伸びた木は、人間が栽培していた証拠になります。米がなくても他の食料があれば、人々は移動しないで定住生活を続けたのです。

稲作が始まる以前は温暖期だったのでしょう。稲がなくても定住生活を続けるだけの食料がありました。ところが、その後、寒冷期がやってきました。ここで初めて人類は稲作を発見するのです。いわゆる稲作革命です。

稲作はインドのアッサム地方や中国の揚子江下流で起こったといわれています。寒冷期で中国北部の民族が南部に進入してきました。その結果、中国大陸を追放された人々が日本に移り住み、稲作を伝えました。こうして弥生時代が始まったのです。土地を追われたことにより日本に新しい文化が伝わったのです。

人類の誕生もまたそうでした。五〇〇万年前、中央アフリカを追放された旧人類はアフリカから、ユーラシア大陸に広がっていきました。でも、旧人類はアラスカを超えることはできませんでした。その後、一〇万年前ごろに新人類が誕生しました。新人類も旧人類と同じくアフリカからユーラシア大陸に広がり、今度はアラスカを超え、アメリカ大陸へと渡っていきました。これがアメリカの原住民インディアンの祖先と考えられています。

3　稲作が守った森林を破壊したのは、大仏だった⁉

日本は山国、豊かな森林の国です。

だから、住居は木造り。日本は木の文化なのです。

それなのに、森林破壊がなかったなんて信じられますか。木が伐られても植林し森林を守ったという考えも成り立ちます。

日本は古来多神教の信仰をもち、八百万《やおよろず》の神といって、山や岩、カマドなどあらゆるものに神が宿っていると昔の人々は考えました。したがって、森林にも神が宿り、むやみに木を伐らなかったという考えもあります。この考えを信じますか。

植林は江戸時代になって盛んに行われるようになりました。江戸幕府は巣山、留木、留山といって森林に入るのを防ぐ政策や木を伐るのを禁止するお触れを出しました。各藩も競って森林の保護に努めたようです。良質の建築材として知られる木曾ヒノキも江戸時代までは繰り返し乱伐されていたようです。また、薩摩藩の屋久スギは豊臣秀吉の時代には盛んに使われたようですが、その後、保護され伐採を禁止するお触れも出ています。

どうも江戸時代までは森林破壊が続いていたように思えます。

調べたところによると、遷都の原因がエネルギー不足だったということがわかりました。

奈良の都で考えるとよくわかります。奈良時代は八五年のわずかな期間、日本の都でした。その都を平城京といいます。

平城京は中国の唐の都、長安を真似て造られたのですが、平城京を造るために膨大な木材が使われているはずです。また、奈良の大仏を造るのにもたくさんの木材が使われました。膨大な木材を平城京や大仏建立に使ったのですから、森林が再生するまでには間に合わなかったことでしょう。

奈良の大仏は三回焼失しています。七五二年、聖武天皇が創建した大仏殿は、現在の一・五倍の面積があったといいます。広い大仏殿を建造するための木材はどこから調達したのでしょう。すでに、奈良周辺では調達できず、琵琶湖沿岸の木材を使ったといわれています。

その後、東大寺は一一八〇年に焼失していますが、このときも今日でいう兵庫県や岡山県から山口県までの木を使っていたといいます。さらに三度目の焼失、一六九二年の大仏開眼には、九州霧島のアカマツが使われたといわれています。

ということは、当時、奈良や京都には大仏殿を建造するための木がなかったということです。社会科の教科書には、奈良から京都への遷都は疫病の流行、政権争いを避けるためという定説が載っていますが、遷都は奈良の都に住む数十万人もの庶民のエネルギーをまかなうことができなかったことが大きな原因だという説もあります。

これは平城京だけでなく平安京や鎌倉、室町、江戸開府にもいえることです。

ところが、自然の力は偉大です。破壊されても森林にはもとの状態に戻ろうとする力があります。何百年、ときには何千年かかってもとの安定した状態に戻るというのです。これを遷移といいます。また、安定した状態、もうそれ以上遷移しない状態を極相といいます。極相までの間、植生がいろいろと変わっていきます。現在の日本にはマツが多いですが、このマツも極相までの途上で登場してきた植物です。

砂浜の海岸線は森林破壊の名残といいます。近くの森林が破壊されて表土が海岸まで流された結果、砂浜になったというのです。砂浜に生えているマツは、塩分を吸収し土壌を回復する役目をしています。マツは落葉樹が生え極相にいたるまでの過程で必然的に登場しました。

ただし、極相に戻るためには適度な雨量がなければなりません。砂漠や草原化した土地では、その雨量は期待できません。雨量のないところに森林は甦ることはないのです。

4　狩猟と採集、危険なのはどっち？

人類は狩猟採集生活から農耕牧畜生活へと移っていきました。

突拍子もない質問ですが、人類の最初の食料獲得方法である狩猟採集の狩猟と採集では、どちらが危険だったのでしょう。

大学生や一般の方に質問しました。一〇〇パーセント近くの方が狩猟生活を選びました。動物と格闘するのですから、危険なイメージがあるからです。

実は植物の芽や根茎、実などをとる採集生活のほうが危険だったのです。なぜなら野生種には毒をもつ植物がたくさんあるからです。たとえば、野生種のアーモンドは毒をもちますが、栽培されたアーモンドには毒がありません。人々は数多くあるアーモンドの中から、どのようにして毒のないアーモンドを見つけたのでしょう。

想像すると、そこには数多くの犠牲があったはずです。たまたま偶然、毒のないアーモンドを食べたことが栽培への第一歩だったのでしょう。

人々はどのようにして栽培する植物を決めたのでしょう。たぶん、人々は森に生えている植物の中で食べられそうなものだけを集めて持ち帰ったことでしょう。そして、実際に育ててみたことでしょう。こあるものは育たずに捨てられ、育った植物の中で食用になりそうなものだけを残したことでしょう。こういうことを何年も何回も繰り返し、安心して食べることができるようになったものと思われます。

今から一万一〇〇〇年以上前のものとされるシリアのテル・アブ・フレイラ遺跡から見つかった炭化物を調べると、一五七種もの多様な野生植物を採集していたことがわかっています。一五七種もの植物からどのようにして食料に適した植物を選んだのかはわかりませんが、学問の初歩ともいえる分類法を使ったように思えます。毒のないもの、毒をもつが毒を取り除けば食べられるもの、食用ではなく染料や薬に使えるものというように選り分けて使っていたのでしょう。

毒に対する薬もまた同じように、分類法で選択され使われるようになったのです。コカインなどの麻薬もその過程で発見されました。

数多い対象物を集め、それを分類する。そして人類に役立つものだけを残す。これは今でも研究の分野で使われている方法です。

南アメリカのアマゾン流域に暮らす人々は、マニオクと呼ばれる栽培植物を食べています。このマニオクは無毒のものと有毒のものがありますが、アマゾンの人々は、なんと有毒のマニオクを主食にしているのです。これはどういうことでしょう。

実は、有毒のマニオクのほうが圧倒的に収穫量が多いのです。アマゾンの人々は毒抜きの方法を知っています。この方法は、はるか大昔、先人が工夫して開発したものだと思われます。彼らは無毒の、しかし収穫量の少ないマニオクを選んで餓死するより、有毒なマニオクを選び、智恵を働かせて毒を抜き、多くの仲間で食べていくことを選んだのです。

さて、危険なのは植物だけではありません。動物を食べることも危険を伴いました。

皆さんもよく知っているフグもそうです。フグは縄文時代の貝塚遺跡で骨が見つかっています。縄文時代から食料にしてきました。

このフグは、エサとして食べた魚や貝の毒をお腹にため込んでいます。それを私たちが食べると手足がしびれ、やがて死んでしまいます。人々は多くの犠牲を払って、フグを安全に食べられるように工夫していったのです。

また、牧畜も大変危険でした。今でも鳥インフルエンザが変異して新型インフルエンザが発生し、多くの人々が感染しています。大昔、牧畜を始めた頃は、今日では想像もつかないほど、病原菌などによって多くの人々が犠牲になったことでしょう。

大航海時代、コロンブスが新大陸を発見した際、先住民から多くの船員が病原菌をうつされたという話は有名ですが、その種類は少なく、梅毒以外は死に至るものではなかったといいます。

一方、この反対のほうが被害が大きかったのです。すなわち、アメリカの先住民がコロンブスたちによって一〇種類以上もの伝染病をうつされました。免疫がないためにたくさんの先住民が亡くなったといわれています。

アメリカ大陸だけでなく、太平洋諸島の先住民や南アフリカのコイサン族にも同じことが起こりました。

農耕牧畜という安定した食料獲得方法を見つけるまで、多くの犠牲と人類の工夫があったのです。農耕牧畜生活によって、人々は余剰生産物を作り出すことができるようになりました。その結果として人口が増え、大規模な社会が形成されるようになりました。余裕ある生活は、やがて技術の発達、文化の発展をもたらしました。

文化は農耕牧畜生活になって飛躍的に発展することになります。その意味では農耕牧畜の発見は革命だったといえるでしょう。

5　語源から考える文明と文化のちがい

日本語には、似たような言葉がたくさんあります。文明と文化もそうです。文明と文化、どう違うのでしょう。みなさんは考えたことがありますか。

アメリカ合衆国の国際政治学者サミュエル・ハンチントン著『文明の衝突』には、「文明は文化の総体」であり、「文明と文化は、いずれも人びとの生活様式全般をいい、文明は文化を拡大したものである」とあります。

どうもわかりません。文明と文化がいずれも「人びとの生活様式全般」を指すのなら、二つも言葉はいりません。ただ、文明のほうが文化より範囲が広そうだということはハンチントンの言葉からわかります。しかし、範囲が広いとはどういうことなのか、個々の文化を集めたもの（総体）が文明なら、たとえばエジプト文明の場合、何という、いくつの文化を集めたのか、具体的にイメージできません。このようなとき、どうしたらよいのでしょう。

私は小学生の頃、林と森はどう違うのかなと不思議に思ったことがあります。人に聞くと、林は地面の平らなところに生えている木の集まり、森は山に生えた木の集まりと教えてくれました。ところが、別の人に聞くと林と森では木の数が違う。森のほうが木の数が多いともいいます。

私自身教職について、そして授業で扱うようになって、やっとその違いがわかりました。林と森の違いを見つけるまで、私は次のようにして調べました。

まずは国語辞書で調べてみました。

『広辞苑』では、林は「樹木の群がり生えた所」とあり、森は「樹木が茂り立つ所」とありました。しかし、意味の違いはわかりません。そこで、別の国語辞書で調べてみました。『新明解国語辞典』では、林は「自生（植林）した（同種の）高木がある範囲にわたって枝を交わすようにたくさん生えている所」、森は「（遠くから見ると濃い緑が盛り上がって見え、近づいて見ると日のさすことがほとんど無い所の意）まわりに比べて際立って高く大きな木が茂っている所」とありました。

これから、私は、林とは「自生または植林」「同種の高木」が続いているところであり、また、森は「まわりより高い木があるところ」というように解釈しました。しかし、まだすっきりしません。

そこで、今度は林や森のつく熟語を探してみました。

林→雑木林　杉林　竹林　山林　植林　自然林　原始林　林業　林間　林道

森→森閑　森々　森然　森厳　森羅万象

林の中には道があり、森はなにか神々しい感じがします。まだはっきりしません。

次に私が調べたのは『日本語源大辞典』でした。語源を調べたら……、やっと解決しました。『日本語源大辞典』には次のようにありました。

林は「生やす」、森は「盛り」からできた言葉でした。これではっきりしました。

林は「生やす」より人間が生やしたものであり、森は「盛り」から自然に盛り上がったものだということです。

このように、語源に戻ると言葉の本来の意味がわかるということを私は学びました。そこで「文明」と「文化」の違いもこの方法で調べてみました。

国語辞典で調べると……。『広辞苑』で調べると、文明は「文教が進んで人知の明らかなこと」とあります。さっぱりわかりません。文化は「人間が自然に手を加えて形成してきた物心両面の成果」とありました。こちらもさっぱり意味がわかりません。ただし、次のようなことも付記されていました。「文明とほぼ同義に用いられることが多いが、西洋では人間の精神的生活にかかわるものを文化と呼び、技術的発展のニュアンスが強い文明と区別する」とあります。

人間の精神的生活にかかわるものといえば、「文学」「哲学」「芸術」「宗教」などです。そういえば精神文化といいます。でも精神文明という言葉もあります。同じように物質文明や物質文化という言葉もあります。少しわかったような気になりましたが、やはりわかりません。

今度は、熟語で考えてみました。

文明↓エジプト文明　メソポタミア文明　オリエント文明　インダス文明　中国文明　ギリシャ文明　ローマ文明　マヤ文明　日本文明

文化↓エジプト文化　メソポタミア文化　オリエント文化　ギリシャ文化　ローマ文化

なんと多くの場合、文明も文化も両方の言葉がついているのです。これではわかりません。そこで「文化」がつく言葉をもっと探しました。実は日本の中にそれはありました。

縄文文化　弥生文化　古墳文化　国風文化　東山文化　安土桃山文化　元禄文化

これらの言葉には文明はつきません。そこで、文化というのは時代や場所がすごく狭い範囲を指すときに使われるのかなと考えたのです。ところが……。

そんな折り『大辞泉』という分厚い辞書に出合いました。この本には文化と文明の違いについて、次のように書かれていたのです。

「文化」と「文明」の使い分けは、「文化」が各時代にわたって広範囲で、精神的所産を重視しているのに対して、「文明」は時代・地域とも限定され、経済・技術の進歩に重きを置くというのが一応の目安である。

でも、これでも納得できませんでした。「文化」が各時代にわたって広範囲なら「東山文化」や「元禄文化」は場所も時代も限定されているからです。『大辞泉』には次のようにも書いていました。

「中国文化」というと古代から現代までだが、「黄河文明」というと古代に黄河流域に発達した文化に限られる。

まてよ、「中国文化」という言葉もあれば「中国文明」という言葉もあるじゃないか。同じ「中国」に「文明」「文化」の二つの言葉がくっついている。これはどういうことなのだろう。

ますますわからないまま、混沌とした日々を過ごしました。そしてやはり語源で考えるしかないと、調べてみることにしました。

文明という言葉は、中国の『書経』の「舜典」の中に出てくる「天下文明」（世の中が開け、人知が明らかなこと）や『易経』の「文言」に出てくる「浚哲文明」（機械の発達により、世の中が開け人間の考え方が進歩した社会）の「文明」を使ったと思われます。

英語では civilization（シヴィライゼーション）。都市（シティ）や市民（シヴィル）と同じ意味の言葉です。

評論家の松本健一氏は『砂の文明・石の文明・泥の文明』の中で、文明について次のように書いています。

農耕・牧畜生活などのうえに言葉や文字が発達したばかりでなく、富の蓄積が始まり、都市や国家が形成されるようになった事態に並行して文明が起こる。（三三ページ）

言葉や文字だけでなく、都市や国家があってこそ文明が誕生するということでしょうか。しかも富の蓄積が必要ですから、物質的に豊かでなければなりません。

英語の civilization には「文明」という既に中国の教典にあった言葉を当てはめましたが、「文化」はそういうわけにはいきませんでした。「文化」という言葉は中国にはなかったからです。

「文化」は明治時代の思想家・西周《にしあまね》の造語です。英語で culture といいます。「耕す」（cultivate カルティベイト）という意味です。「耕す」から「心身を耕す教養や修養」に派生していったと考えられています。

「心身を耕す教養や修養」なら、都市や国家がなくても成り立ちます。また、精神的意味合いをもっています。ここで文明は「物質」、文化は「精神」という構図がつながりました。

また、松本健一氏は前掲書で次のように述べています。

わたしは「文化」について、「民族の生きるかたち」といつも言い換えている。これは、それぞれの民族が固有に持っている個性的な暮らし方であり、伝統であり、風習にほかならないからである。（五〇ページ）

少しずつ解明されてきました。すなわち、「文化」はその民族に固有のものであり、「文明」は民族を超えた普遍的なものであるということなのです。言い換えれば、「文化」は精神的所産であるから、その民族にしか通用しないものであり、「文明」は物質的所産であるから、他の民族に受け入れられるわけなのです。

俳句は日本の文化であり、精神的所産です。だから、外国人にはなかなか理解できません。武士道も同じです。ところが、携帯電話は物質的所産なので急速に外国に広がりました。

松本氏はさらに続けます。

文明とは普遍的なものであって、非常に使いやすいものである。それゆえ文明は、一つの民族や地域に固定することなく、グローバルに浸透してゆく。……しかし翻って言うと、普遍的なものというのは、常に次の新しい普遍的なものに取って代わられる可能性がある。……「それゆえに必ず滅びてゆく」ものである。それに対して文化は、その民族の生きる固有のかたちだから、それぞれの時代の文明に応じたり、あるいはもっと時代に合ったかたちに変容することが必然化される。そのため、「文化は変容しつつも滅びない」のである。（五一～五二ページ）

これでやっとわかりました。まとめると表のようになるでしょう。

文明と文化のちがい

	文　明	文　化
内容	技術・物質・政治的所産	思想・道徳・芸術など精神的所産
地域	民族を超えて広がる	特定の地域
時代	時代を超えて	特定の時代

ある言葉の意味がわからないとき、語源に立ち返り、似た言葉と比較検討することによって理解することが可能になるのです。

【参考にした本】

サミュエル・ハンチントン著『文明の衝突』集英社
安田喜憲著『文明の環境史観』中央公論社
安田喜憲著『気候変動の文明史』ＮＴＴ出版
安田喜憲著『森を守る文明・森を支配する文明』ＰＨＰ新書
ジャレド・ダイアモンド著『銃・病原菌・鉄』上下巻、草思社
松本健一著『砂の文明・石の文明・泥の文明』ＰＨＰ新書
『日本語源大辞典』小学館
竹村公太郎著『土地の文明』ＰＨＰ
宮脇昭著『鎮守の森』新潮文庫

第二節　日本の住居のルーツは縄文時代にあり

【先生方へ】

縄文時代、弥生時代の竪穴式住居の骨組みが日本の住居の起源です。日本の住居については、小学校六年、中学校二年の社会科で学習します。また、住居の機能については中学校の家庭科で学習します。中学校の社会科では、気候にも着目し、縄文時代の住居について学ぶことができます。気候と風土にあった住居を作っていたことを伝えていきたいものです。

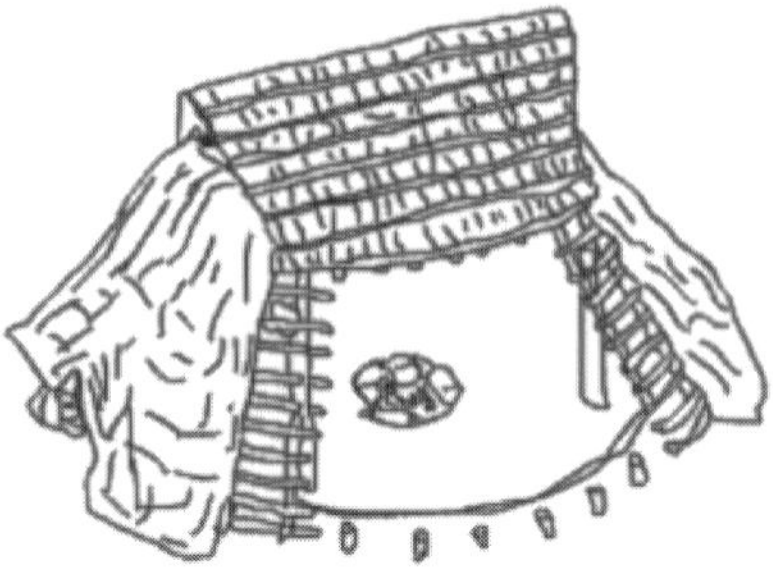

竪穴式住居

1　竪穴式住居が現代の住宅の原点だった！

上図は、弥生時代の竪穴式住居です。内部がわかるように手前をくり抜くように描いてみました。出入り口（左手）は日が当たるように南向きになっています。

この竪穴式住居、外から見ると円形のように見えますね。ところが、円形ではないのです。次頁の上図の骨組みを見てください。四本の柱が立っています。この四本の柱の上に、さらに四本の梁《はり》が垂平に置かれています。

二組の梁は平行に並んで、四本の柱と四本の梁で直方体を作っているのです。

これは現代の日本の家屋と同じ構造です。正方形なので少しイメージしにくいですが、下図のように、梁の長さを長くしてみましょう。どうですか、今でもこのような骨組みの住宅はありそうですね。上に屋根をつければ、現代の住宅とそっくりになります。

立方体は、正多面体の中では「土」と位置づけられて、どっしりとした大地のような安定感をもたらしてくれます。縄文人は経験的に立方体が安定した造りであることを知っていたのです。

竪穴式住居は地面に円形の穴を掘って建てました。その穴は意外に深く、人間の腰ぐらいの高さまであるものもあります。掘った残土は穴の周りに積み上げました。今でいう壁と考えてもよいでしょう。

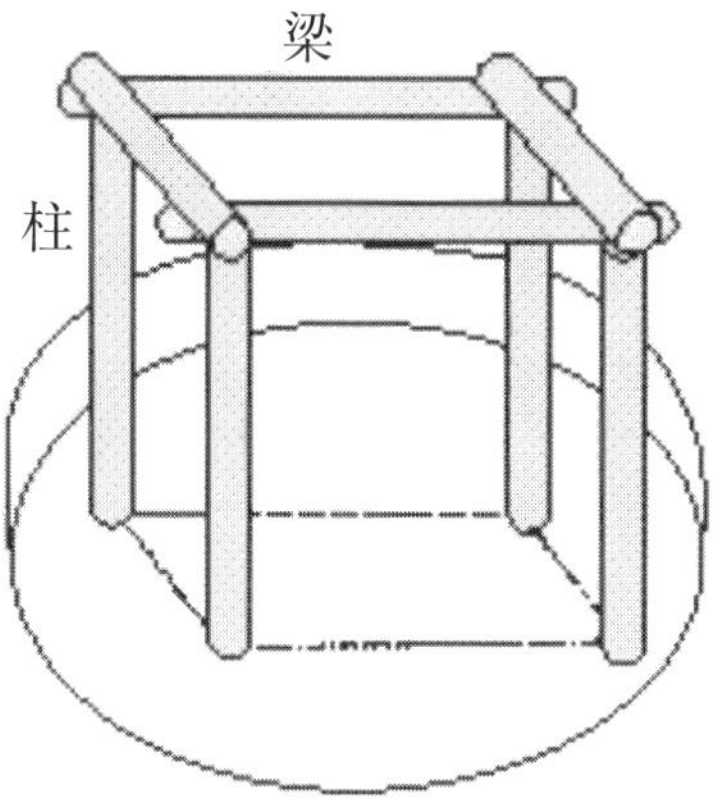

竪穴式住居の骨組み

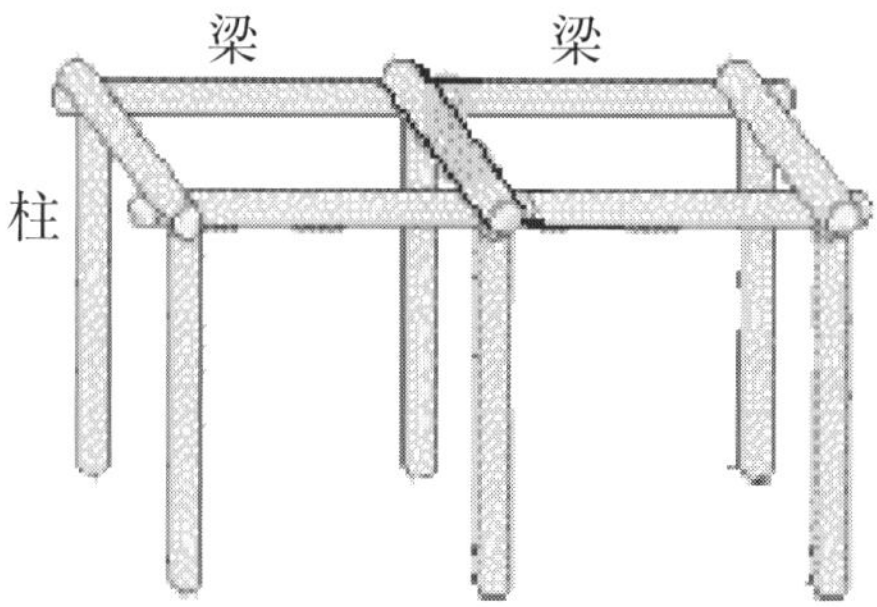

梁の長さを長くしてみると……

こうすると断熱効果があり、夏は涼しく、冬は暖かいのです。したがって、竪穴式住居は中部地方から北海道にかけての寒い地方で作られていた住居でした。

また、住居内は男の領域と女の領域に分かれていました。その間に土偶や祭器である石棒などを置いていたようです。いわゆる魔除けの役目をしていたのでしょう。後にこれが神棚に発展していきました。

中部地方より南の地方では平地住居でした。平地住居は今の平屋と同じような住居です。穴は掘りません。壁は木や草で覆い風通しよくしていました。川や岸辺の近くでは、水に濡れないように高床住居の家もありました。

縄文時代といえば竪穴式住居だけと思っていた人も多いと思いますが、その土地の気候にあった住居がこの時代から作られていたのです。

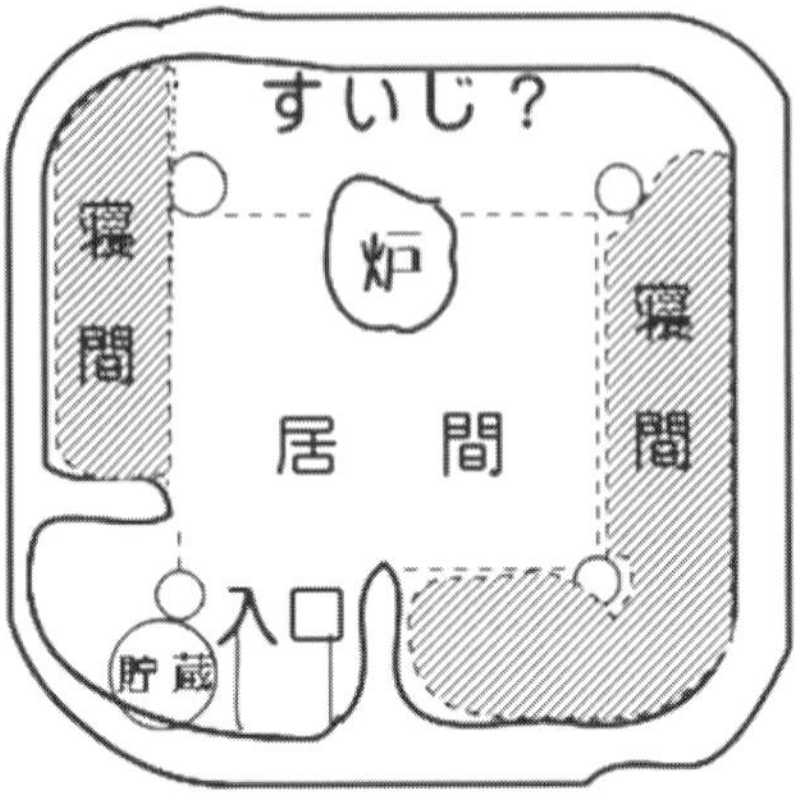

竪穴式住居の内部

竪穴式住居には炉がつきものですが、この炉は真ん中にある場合と少し端に寄っている場合があります。古墳時代になると中央ではなく、壁際に火をたく場所が移っていくようになります。炉が中央にあると、家族そろって食事をしたり話をしたりするときには便利ですが、寝るときには邪魔になります。ですから、炉はだんだん端に移るようになりました。

端にあると、そこが食事の用意をする場所として固定化されます。やがて、竈《かまど》ができ、台所になっていったのでしょう。上図のように寝るところと憩うところ、すいじをする台所というように、一つの部屋が用途に応じて固定化されていきました。

なぜそれがわかったかというと、発見された竪穴式住居の跡に土が硬いところと軟らかいところがあったからです。硬い土は人々の足で踏み固められたため硬くなりました。軟らかい土は、上にわらや板を敷いていたと考えられます。直接踏み固められていないので柔らかいのです。ここから、軟らかい土のところは寝間として利用し、硬い土のところは居間や台所にしたと考えられています。

いつしか居間は居間、寝間は寝間というように分化し固定化されていきました。場所が固定すると、もっと快適にしようと人々は考えました。

弥生時代には床のある住居も見つかっています。多くの場合、身分の高い人々の住まいだったようですが、これは湿気を避ける効果がありました。床に直接敷いた板やわらではすぐ湿ってしまいます。やがて腐っていきます。これを防ぐために床を工夫したのでしょう。高い湿度というマイナス面を補うために、人々は工夫を重ね、快適な住まいを造ろうとしたのです。

2　寝殿造りのお屋敷も竪穴式住居の発展ってホント？

平安時代の貴族の建物を寝殿造りといいます。小学校や中学校の社会科の教科書に写真入りで紹介されているので、覚えている人も多いことでしょう。この寝殿造りは、奈良時代から身分の高い皇族や貴族の間で広まっていきました。

寝殿造りは中国の建築様式です。建築方法が日本に伝わり、平安時代の貴族の華やかな生活を象徴する建物となりました。寝殿造りはいくつもの建物が廊下でつながり、大きな池や川がありました。池には島もありました。貴族はここで儀式を執り行ったり宴を開いて楽しんだりしました。

しかし、私には寝殿造りも竪穴式住居も同じ作りのように思えます。その理由は、寝殿造りには天井がありません。中に入ると屋根の傾きが見えます。さらに、障子や襖《ふすま》はありません。すべての調度を取り除くと、柱が数本立っている畳のない大広間になっています。この大広間は現在まで続いています。

寝殿造りでは、調度はすべて可動式なのです。障子や襖の役目として屏風《びょうぶ》や几帳《きちょう》・衝立《ついたて》が使われました。

また、ふだんは板敷きで、寝る場所や客が座る場所にだけ畳を敷きました。トイレも移動式だったそうです。

寝殿造りの南の建物は儀式をするところだったので、時代を通して変化しなかったようです。しかし、北側の建物は生活の場でした。北側は毎日繰り返される生活に必要な営みを行う場だったので、使いやすいように改造されていったわけです。移動式の調度がのちに固定化されていったのもうなずけます。

儀式に使われた南側の建物の柱は丸柱ですが、北側の建物は四角い柱に変わっていきました。引き戸を入れると、丸柱では隙間ができるからです。

畳も同じです。畳が普及すれば畳だけの部屋を造ればいいわけです。いちいち畳を持ち運びする必要はありません。畳を移動するのではなく、人間が畳のある部屋に移動すればいいのです。障子や襖もまったく同じ考えで造られました。

寝殿造りは時代が下がるにつれて変化していったことでしょう。そして前の時代のものでも必要なものは残っていきました。

障子や襖が登場してからも、屏風や衝立、几帳は残りました。今でも衝立は和食の店の座敷に置かれています。

障子や襖・畳が部屋の中に固定化されたのは、室町時代の書院造りになってからです。書院造りで有名なのは、将軍足利義政の別荘だといわれている銀閣寺（慈照寺）です。別荘ですから土間はありません。部屋全体に畳が敷かれています。障子や襖も可動式ではありません。

まったく違った建築様式のように見えますが、建物を支える骨組みは変わりませんでした。文化というのは深化発展していきますが、必要なものは残り後世に伝わっていきました。

最初の頃の畳は貴重な生活道具だったことでしょう。だから、身分の高い人や客が座る場所にだけ置いたのです。それが、一般に普及していくといちいち持ち運びするより固定化したほうが便利です。

3　庭、園、庭園はどうちがうの？

次は庭の話です。住居は住むために絶対必要ですが、庭は別になくても困りません。それなのに、日本の長い歴史の中で庭の変化は著しく、しかもなくなることなくずっと残ってきました。そこには日本人の心をとらえた何かがあったのだと思います。

庭に似た言葉に園があります。庭と園を合わせて庭園といいます。日本庭園がそうです。

庭、園、庭園は、どう違うのでしょう。あなたはどのように調べますか。もうご存知ですね。第一節で紹介しました。そうです。語源を調べればいいのです。

『日本語源大辞典』で調べた結果、「庭」はハニマ（土間）、ニマ（土間）、ニハ（土場）が語源です。意味は、家などの生活空間の周辺にあって、神事、狩猟、農事などを行う場のことです。

縄文集落には、住居、墓、貝塚を円形に配置した広場が見つかっています。この広場で神事を行ったようです。太陽を信仰したり、天候を占ったりしたことでしょう。また、狭くじめじめした竪穴式住居の中ではできない調理などもここで行っていたようです。

不思議なことは、この時代、日本全国、北海道でも沖縄でも同じような住居に住み、同じような生活をしていたということです。しかも、それが一万年も続いているのです。

当時の日本はシベリアからの北方移民、西太平洋からの南方移民など多人種からなる社会でした。それなのによく似た生活文化だったのです。なぜこのようなことが可能だったのでしょう。それは日本列島が北から南からと、お互いに交流していたからです。情報交換が活発に行われていたと考えられます。

では、どのように情報交換をしていたのでしょうか。

これはもう断然海路です。海路だけでなく湖や川も使われたことでしょう。

現在は船より電車や車が交通の中心なので船は不便だと感じますが、この時代は陸路より海路のほうが速く安全だったのです。しかも、たくさんの荷物を運ぶこともできます。海路を使って交易や情報交換を行っていたのです。

奈良時代には遣唐使が瀬戸内海を船で渡り、船で淀川を上り、大和川を使って平城京に到着したといわれています。当時、奈良には大きな湖があったといいますから、船を使って遣唐使が平城京に入ったのでしょう。

江戸時代までは荷物を運ぶのに船が使われていました。樽廻船、菱垣廻船は大阪と江戸を結ぶ船でした。

江戸・元禄期の忠臣蔵の話、浅野内匠頭の刃傷事件についても、浅野の家臣が江戸から早駕籠を使って赤穂に着いたときには、一般庶民は大事件が起きたことを知っていました。詳しい刃傷事件は知らなかったようですが、自分の国の殿様に何か大変なことが起こったらしいという情報は入っていたのです。これは、江戸から船に乗って大阪までやってきた廻船問屋がもたらした情報といえます。このように、縄文時代から江戸時代までの長い間、日本の交通の中心は船だったわけです。

さて、話を庭に戻します。では、園《その》とはどういう意味でしょう。

同じく『日本語源辞典』には次のように載っていました。

その【園・苑】草花・果樹・野菜などを栽培するための一区画の土地。

語源はいくつか載っていますが、次の語源が一番わかりやすいと思います。

家に添ってあるところから、ソフノ（添野）の義〈名言通〉

庭と園の違いはすでに万葉集にも載っています。

梅の花いま咲ける如散り過ぎずわが家の園にありこせぬかも（八一六）

作者は小野老《おののおゆ》で、七〇〇年頃に作られた歌ですが、「梅の花よ、今咲いているように散り過ぎることなく、私の家の園に咲き続けておくれ」という意味です。

この歌でははっきりと、庭ではなく園と歌っています。梅の花が咲く空間、それは庭ではなく園なのです。

外国の「にわ」は「園」、日本の「にわ」は「庭」とよくいわれます。エデンの園は園です。りんごが実っていたからです。

そうすると庭園とは、この庭と園の両方を兼ね備えたところだといえます。フリー百科事典『ウィキペディア（Wikipedia）』では、庭園とは、「見て、歩いて楽しむために、樹木を植えたり、噴水・花壇を作ったりなど、人工的に整備された屋外施設。日本では、自然を模して川・池・築山などが作られ、木や草が植えられているものもある」と書かれています。

4　禅宗が庭から「水」を奪った？

寝殿造りのように、川や池のある庭はいつ頃造られたのでしょう。

当時の文化は中国から伝わったわけですから、庭も例外ではありません。

飛鳥時代に豪族の蘇我馬子が、飛鳥川のほとりの自宅に島と池を造ったのが最初だといわれています。もっとも、中国ではこのような豪華な庭は皇帝しか造らなかったのですが、日本では、大臣だった蘇我馬子が、自分の権力を誇示するために造ったわけです。

古代中国の庭園には岩に囲まれた池があり、石で造られた反り橋が架かっているものもありました。日本の寝殿造りの庭も中国の庭を真似たようです。蘇我氏が滅ぼされた影響で、当時は贅沢な庭は造られなかったようですが、奈良時代になると贅沢な庭が造られるようになりました。

平安時代になると、貴族たちは競って寝殿造りに島や池のある庭を造りました。

池の水は近くの川から引いたようです。これを遣《や》り水といいます。このような川や池でいったい何をしたのでしょう。よくいわれるのは「曲水の宴」です。

「曲水の宴」とは、陰暦三月三日に天皇や貴族が行った遊びのことです。庭の曲がりくねった川のそばに座って、上流から流れてくる盃が自分の前を通りすぎないうちに和歌を詠み、盃の酒を飲んで次の人

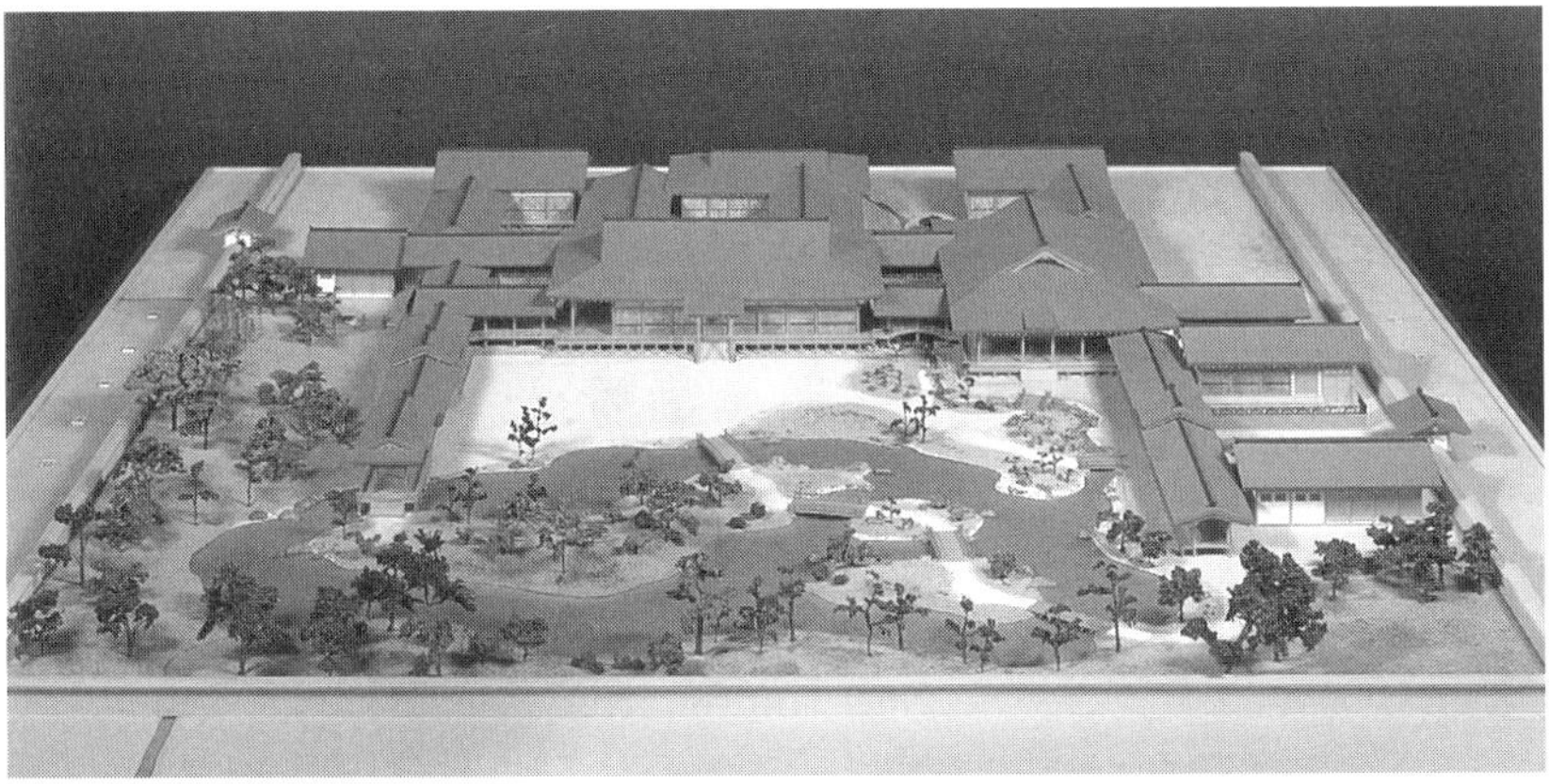

「東三条殿模型（藤原道長邸宅）」（京都府京都文化博物館蔵）

に流すという遊びです。

もともとは中国の文化でしたが、日本に入ってきて日本の風土に馴染んだようです。

平安時代にはこの曲水の宴が盛んに行われました。平安京は盆地の中にあり、蒸し暑さをしのぐためにも川の水を庭に引いたものと思われます。気候のよい満月の夜など、もってこいの催し物だったことでしょう。もちろん、宴だけをやったのではありません。政治のことや祭の話もしたようです。

この水は神水ともいわれています。曲水の宴も神を祀り神とともに遊ぶ行事でした。縄文時代、庭は神事を行う場であったのですから、寝殿造りの庭も神を祀る意味もあったのでしょう。

さて、では仏教の庭はどうでしょう。

仏教の庭は、後述するように「浄土の庭」です。京都の宇治にある平等院の庭がそうです。平等院の前には大きな庭があります。平等院は平安時代に建てられたので、寝殿造りの庭と間違えてしまいそうですが、平等院は寺院です。

寺院には本来、庭はありません。寺院は釈迦の骨を埋葬するところです。その後、釈迦の骨の代わりに釈迦の姿をかたどった仏像を据えました。そして、人々はこの仏像を拝みました。そのために金堂を建てたのです。ですからインドにも中国の古い寺院にも庭はありません。

日本の寺院にも最初、庭はなかったのです。奈良時代や平安時代の初め頃の寺院には、庭はありません。庭ができるようになったのは「末法思想」が広まったからです。末法思想とは「釈迦の死後、二〇〇〇年たつと世の中が乱れ、仏の教えは廃れ、末法の世の中になる」という教えです。

日本では一〇五二年から末法の時代になるといわれました。その頃、世の中は前九年の役や後三年の役が起こり、争い入り乱れていました。

この時代、人々はすべての人を救うという阿弥陀仏に頼ったのです。各地の寺院に極楽浄土を示す池を造り、阿弥陀堂を建て、池の手前をこの世、池の向こうの阿弥陀堂を極楽浄土としました。これが「浄土の庭」です。

この浄土の庭はやがて「禅の庭」に変わっていきます。苔寺で有名な西芳寺の庭(一三三九年)は臨済宗の僧・夢窓疎石《むそうそせき》が建てたといわれていますが、ここの庭には蓮池があり、浄土の庭の雰囲気を残しています。金閣で名高い鹿苑寺にも池があります。それがなぜ、池も水もない「枯山水」の庭に変わっていったのでしょう。

枯山水自体は平安時代からありました。寝殿造りの一部に水のない枯山水があったのです。

枯山水の庭は禅宗とともに広まったといわれています。禅の修行は、深山幽谷の大自然の中で行うことを理想としています。しかし、それができないときは、深山幽谷の大自然を仮の庭に再現したのです。これが石庭へと発展していきました。

ところが、東北大学名誉教授の田中英道氏は『日本史の中の世界一』の中で、縄文時代から枯山水はあったと主張しています。

静岡県にある千古遺跡がそうです。この遺跡は五〇〇〇年ほど前、縄文中期の遺跡です。直径三・五メートルの円周の周りに石を置き、中央に高さ七〇センチメートルほどの富士山型の石を置いていました。背後には富士山が鮮やかに見えます。これらの石は緩やかな斜面に造られており、下から見ると石が高くそびえているように見えます。これは祭祀遺跡と考えられています。

石で自然を形づくる。まさに枯山水です。しかもこの千古遺跡を世界最古の庭園とする学者もいます。夢窓疎石が造った初期の庭には池泉があります。岐阜県多治見市にある永保寺がそうです。同じく夢窓疎石が造った苔寺と呼ばれる西芳寺や天龍寺にも池はあります。しかし、池よりも石組みにその特徴が生かされています。

西芳寺には三段の枯滝があります。「龍門瀑《りゅうもんばく》」という鯉が激流を上る様子を石で表しています。天龍寺にも龍門瀑があり、滝の中ほどに鯉魚石が組まれています。いずれにせよ、池のある庭から枯山水の庭に移っていった過程には、禅宗の影響があったと考えられます。

5　世界を魅了した龍安寺の石庭

日本にはすべてのものに神が宿る、八百万の神という考えがあります。ですから石や岩にも神が宿っています。また、神が降臨するという信仰が長く続いていました。

長野県諏訪郡原村で、今から六〇〇〇年前に造られた縄文時代前期の阿久遺跡が見つかりました。この村の尾根から、人間のこぶしから頭ほどの大きさの石を数百個つめた穴が二七〇か所も見つかりました。調べてみると、太陽の運行に合わせて造られた「観測所」でした。真ん中に大きな石柱が建っていたようです。これらの石は太陽神を崇拝するときに使われたものだといわれています。また、古墳時代の古墳は、ほとんどが石を積んで造られています。古墳に使われた石は重く大きな石でした。多くの人々を動員して運び、崩れないように組み立てるには高度な技術が必要でした。庭は古墳ほども大きくありません。大きくありませんが、造った人々は、いかに美しさを表現するか、石の組み方に神経を注いだに違いありません。神の信仰に使われた縄文の石が形を変えて枯山水の庭に甦ったともいえます。

石庭で有名な京都の龍安寺には、塀で囲まれた砂の上に一五個の石が置かれているだけです。青々とした緑も秋の紅葉もありません。しかし、白い砂の波紋がなんともいえない美しさを表しています。一五の石はまるで白い波紋に浮かび上がった島のように見えます。

この庭の美しさは外国人をも魅了しました。一九七五年、イギリスのエリザベス女王が龍安寺を訪れ、庭を絶賛しました。今では外国で売られている日本庭園のガイドブックに、龍安寺の庭の写真が載っているそうです。

飾り気のない質素な美しさは、その後、「わび」「さび」として日本の文化に影響を与えていきました。茶の世界がそうです。俳句がそうです。すべての飾りものを捨てた美しさ。それが日本の文化、技だといえます。

石庭と同じ時代に親しまれたものに盆栽があります。盆栽は盆景から始まりました。盆景は盆栽に石や砂などを置いた箱庭のようなものですが、唐の時代に始まり鎌倉時代に日本に入ってきました。

鉢植え自体は万葉や平安の時代からありましたが、盆景が中国から入ってきたことにより、鉢植えに景色が生まれ盆栽が生まれたといわれています。鎌倉時代には禅宗の僧の間で流行りました。石庭と同じように盆栽にも「わび」「さび」があり、枯山水の思想が凝縮しているからでしょう。

こう見てくると、神から出発した日本の庭はやがて仏教の影響を受けますが、池を中心として変化発展してきたことがわかります。そして、「わび」「さび」という日本独特の文化を誕生させたといえます。

このような目で日本の建物や庭を見てください。きっと今までとは違った趣を感じることができるでしょう。

6　一〇〇万人都市・江戸の超過密町人生活

最後に江戸町人の住居を見てみましょう。

江戸中期、江戸の町は人口がすでに一一〇万人を超えていました。約五〇万人の町人たちは、わずか全体の一六パーセントという狭い土地に住んでいました。七〇パーセントは武士の住む土地だったからです。

江戸の町は次ページの図のようになっていました。表通りに面して二階建ての店がずらっと軒を並べていました。表通りにあるので表長屋と呼ばれていました。

通りで町が区切られていました。町の入り口には夜になると引き戸が閉じられる門があり、火の見櫓《やぐら》もありました。

表長屋の路地を入ると裏長屋がありました。裏長屋は一つの棟が一〇軒前後の、薄い板で仕切られた小さな部屋でできていました。その広さは九尺二間。約三坪（約九・九平方メートル）でした。六畳半の広さに台所、水がめ、たんすなどを置いたので、居間の広さはわずか四畳半程度でした。ここに家族全員が住んでいました。

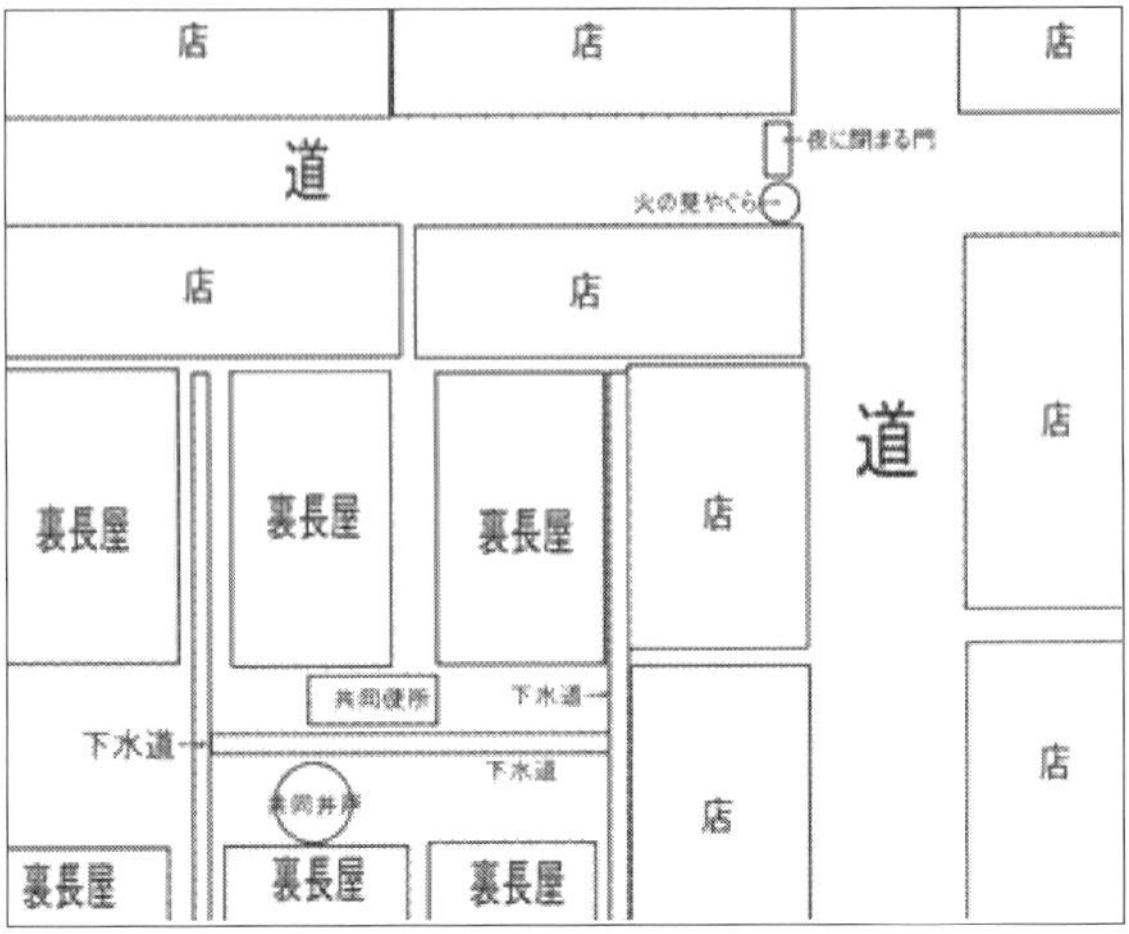

江戸の町

家の裏側は物干し場になっていました。

玄関の前は細い路地で、下を下水道が流れていました。下水道は生活排水を流していましたが、ふだんは水は流れず、朝や食事時に下水を流しました。

下水道は箱下水という板でできていました。板のふたをするとちょうど箱のように見えるのでこう呼ばれていました。下水は最終的には江戸の海に流れていきました。

江戸の内海（江戸湾）は適量の生活排水のおかげでプランクトンが繁殖し、身の引き締まったおいしい魚の宝庫でした。江戸時代も後半になると江戸前寿司が登場し、屋台でにぎわいました。

小さな広場には共同井戸と共同便所がありました。共同井戸は玉川上水や神田上水の水を取っていました。

江戸は江戸時代初期に新しくできた町だったので、山を切り崩し海を埋め立てて造りました。ですから、井戸を掘っても塩水しか出てこなかったので、井の頭池を水源とする神田上水や多摩川の水を引いた玉川上水を使っていました。

共同便所の大便は農民が買いに来ました。金銭や野菜と交換して売りました。売り上げは大家がもらっていました。米のとぎ汁は捨てないで植木にまいたり、ふき掃除に使っていました。とぎ汁でふくと木肌に艶が出るからです。
大家は家主ではありません。家主に雇われた長屋の管理人でした。大家の仕事は店賃を店子《たなこ》から集めて家主に納めるだけでなく、出産や死亡、婚姻届け、旅に出るのに必要な関所手形の申請などをしました。思った以上に忙しく気をつかう仕事だったようです。大家と店子は「親子同然」といわれたのはこのためです。

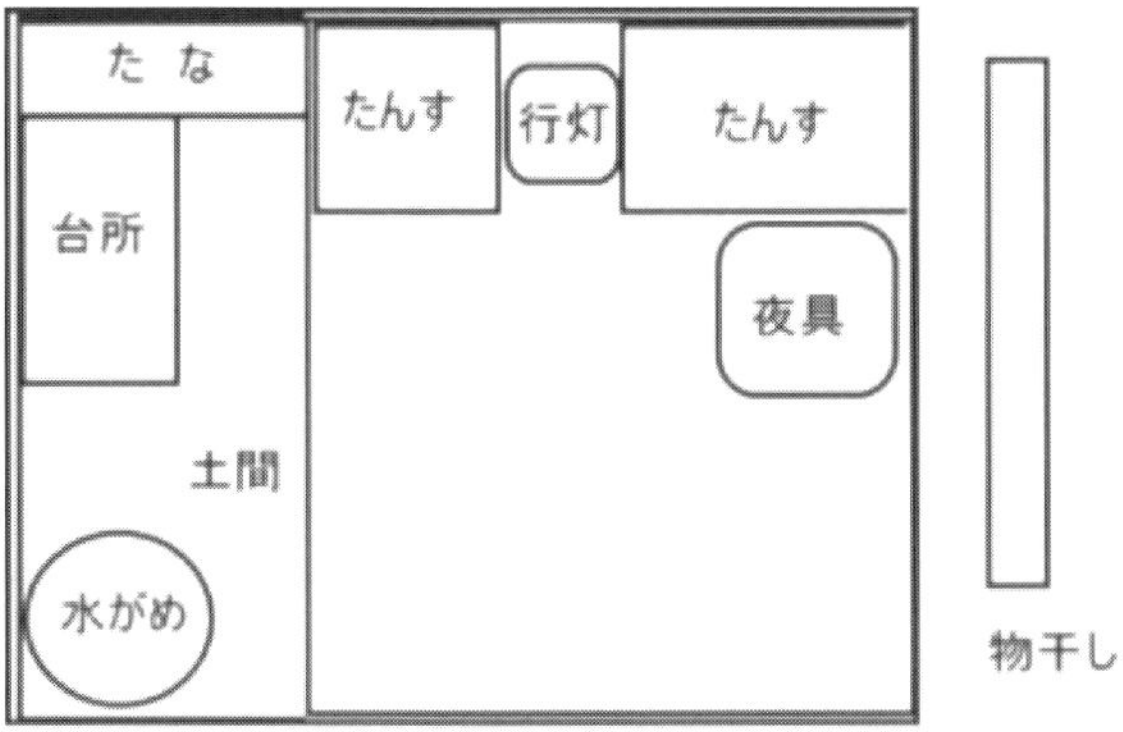

長屋の一部

夜の照明の行灯《あんどん》は、今でいうと一〜二キロワット程度の明るさでした。行灯は提灯《ちょうちん》が登場するまでは携帯用として使われていました。薄暗い中で長屋の人たちは本を読んだり内職をしたりしていました。だいたい夜の八時、九時頃には寝ていたようです。菜種油もありましたが、高価で一般の人には手が出ませんでした。

夏の暑さをしのぐのは、団扇《うちわ》や扇子《せんす》しかありませんでした。昼は障子を取りはずし風を入れて暑さをしのぎました。ところが夜は障子を開けると蚊が入ってきて困りました。それで蚊帳を吊って蚊帳の中で寝ていました。蚊帳の中に蛍を入れて、しばし風流の世界を味わったかもしれません。

冬の寒さには火鉢を使いました。裏長屋は小さな家が密集しています。ひとつ間違うと大火事になります。火力の強い暖房具は使えなかったのです。火鉢でお餅を焼いたり、酒を燗したりしました。
長屋の一軒一軒は薄い板で仕切られていたので、隣の音や会話が実によく聞こえました。夫婦喧嘩をしていると隣の人が仲裁に入ってくれました。江戸の町では仲裁者に花をもたせるという考えがあったので、あらそいも小さいうちに解決していました。人々は貧しいながらも隣近所を大切にし、他人の子どもも自分の子どものように可愛がり、また厳しく叱りつけました。
貧しいながらも人々が助け合って生活していたのです。

【参考にした本】

小沢朝江・水沼淑子著『日本住居史』吉川弘文館
上田篤著『庭と日本人』新潮新書
宮元健次著『図説・日本庭園のみかた』学芸出版社
田中昭三・「サライ」編集部編『「日本庭園」の見方』小学館
田中英道編『日本史の中の世界一』育鵬社
中江克己著『お江戸の意外な生活事情』ＰＨＰ文庫
栗田彰著『江戸の下水道』青蛙房
越川禮子監修『図説暮らしとしきたりが見えてくる江戸しぐさ』青春出版社

第三節　食文化にみる日本人の創造性

【先生方へ】
食文化については小学校・中学校とも家庭科で学習します。また稲作については小学校五・六年の社会科で学習します。今、私たちが日常的に食べている食べ物の由来がわかります。子どもたちにとって、食は最も興味を覚える教材です。有効に活用してください。

1　縄文人は昆布でダシをとっていた？

縄文時代の人々は、どんなものを食べていたのでしょうか。

それは貝塚という遺跡を調べればわかります。貝塚は縄文時代のゴミ捨て場ですが、縄文人が食べた残骸が残っています。その中で一番多いのが貝殻です。ハマグリ、アサリ、シジミ、タニシなどが見つかっています。ハマグリやアサリが見つかった地域には、昔、近くに海があったことがわかります。シジミやタニシからは川や湖があったことがわかります。

同じことは魚類でもいえます。タイやアジ、イワシの骨が見つかれば海辺の近くであり、コイやフナの骨が見つかれば川や湖です。また、出てくるものによって当時の気候もわかります。トチやドングリなどの木の実がたくさん出てきたら、その地域は温暖な気候だったのです。

貝塚からわかるのは地形や気候だけではありません。縄文人の工夫もわかります。

たとえば、貝塚からはフグの骨も見つかっています。ということは、縄文人はフグの毒を取り除く方法を知っていたということです。ナマコの化石も見つかっています。見た目はグロテスクなナマコですが、縄文人はそのうまさを発見していたのです。

とにかくどんなものでも、食べられるかどうか確かめたことでしょう。もちろん、毒に当たって犠牲になった人もいたでしょう。多くの人の犠牲によって安心して食べられるようになったに違いありません。そういった意味では、私たちは縄文人に感謝しなければなりません。

また、青森県の三内丸山遺跡からはマダイやヒラメの骨が見つかっています。この骨はなんと背骨がつながっているのです。マダイやヒラメ以外では背骨のつながった骨が発見されていません。ということは、マダイやヒラメを三枚におろして料理をしていたと考えられます。ひょっとしたら刺身として食べていたのかもしれません。

塩のついた土器も見つかっています。海水から塩を作るという技術が、この時代にすでにあったことがわかります。タコ壺も見つかっています。タコの習性を調べ、タコ壺を発明したのでしょうか。

縄文時代には煮こみ用の土器も作られています。この土器に魚や貝、海藻などを入れて食べていたようです。イノシシやシカの鍋もあったようです。昆布を使っただしも作られています。昆布だしの旨味の正体はグルタミン酸です。グルタミン酸を発見したのは、大正時代、東京大学の池田菊苗博士です。しかし、縄文時代にこの旨味を味わう調理法がすでに行われていたことには驚かされます。

イヌが飼われていたこともわかっています。八〇〇〇年前頃にはすでにイヌが飼われていました。イノシシやシカを捕まえるために使っていたのです。イヌを使ってイノシシやシカの居場所を見つけ、落とし穴に追い込み、ヤリや弓矢で捕獲していたようです。

稲作が始まるのは縄文時代後期ですが、それまではドングリやトチの木の実が主食だったようです。木の実はカロリーが高かったからです。しかも保存することができます。秋に実った木の実はたくさん保存され、冬場の食料として喜ばれたことでしょう。

でも、ドングリやトチはアク抜きをしないと食べられません。縄文人はもちろんアクを抜く方法を知っていました。

岐阜県丹生川村で深さ三〇セントメートルほどの長方形のプールが見つかっています。このプールの中にクリやドングリ、トチの実がたくさん残っていました。

アクを抜いたトチやドングリは叩いて粉にして、焼いてクッキーのようにして保存していました。トチはトチ餅にして保存していました。石を熱して、その上に置いて石の熱で焼くという方法も知っていたようです。縄文人が行っていた調理法は今でも使われています。その他、イモ、球根、蜂蜜、ワインなども飲食していたようです。

貯蔵できる食料があれば、定住生活が可能です。青森県の三内丸山遺跡の発見で、人々は移住しないで一〇〇〇年という長い間、同じ場所で暮らしていたことがわかっています。

三内丸山では、クリの栽培も行われていたそうです。温暖な気候で食料が十分あったからでしょう。稲作がまだなかった時代でも、貯蔵する食料とその方法を知っていれば、定住生活が可能だったことがわかります。

縄文人はいろんなものを食べていましたが、それでも植物と魚介類が中心でした。獣肉はそんなに食べなかったようです。日本人の健康食はこの時代がルーツなのかもしれません。

2　人々の生活を一八〇度変えた稲作

稲作は、今から七〇〇〇年から一万年前に、インドのアッサム地方から始まったといわれています。最初、人々は水辺に生えている野生の稲を食べていたようです。そのうちに計画的に栽培されるようになり、他地域に広がっていきました。栽培の初期、人々は稲を湿地や焼畑で栽培していました。しかし、この方法では収穫量が少なかったので、水田という方法を発見しました。

六〇〇〇年前、中国では揚子江下流で稲作が行われていました。日本に伝わったのは約二五〇〇年前、縄文時代の後期です。

稲作とともに、いろんな野菜が日本に入ってきました。ダイコン、ネギ、ニラ、ダイズなどです。それまでの日本にあった野菜は、セリ、ミツバ、ウド、ミョウガ、フキ、ゼンマイなどでした。日本原産の野菜は今でも食べられていますが、小・中学生の給食などではあまり馴染みのないものかもしれません。

サトイモもありましたが、サトイモは縄文前期に東南アジアの方から入ってきたものです。稲作や新しい野菜が日本に入ってきたことによって、食料は豊富になり、日本の人口が急激に増えていきました。

縄文時代中期の温暖な時代、日本の人口は二五万人ほどでした。縄文後期は寒冷化が進んだので八万人ほどに減りました。ところが弥生時代になって六〇万人と大幅に人口が増えました。稲作の効果です。米は貯蔵できます。貯蔵することにより定住生活が可能になり、人口が増えていきました。

一粒の種（米）から、現在では約三〇〇粒の米ができます。もちろん、弥生時代にはこれほどの収穫量はなかったと思いますが、それでもたくさんの米ができたことでしょう。これが農耕の利点です。

しかも、稲は毎年同じ場所に作ることができます。普通、作物は同じ場所に作ることはできません。土地がやせるからです。栄養の足らないやせた土地では大きな実のある作物はできないのです。では、稲はなぜ同じ場所に作ることできるのでしょう。

答えは水です。稲は水田で作られます。水田の水は川から引きます。川の水は山から流れてきます。山の水は空から降る雨の水です。

この水は、山の養分を含んだ栄養ある水です。森林にある落葉や小動物の死骸が微生物によって分解され、養分として水に含まれています。その水が川を流れて水田に入ってくるのです。ですから、同じ土地であっても毎年米を作ることができるのです。

稲作によって、人々の生活が一八〇度変わりました。ですから稲作は、第一次産業革命と呼ばれています。

米作りは籾まき、田おこし、水の管理、稲刈りと世話をしなければなりません。しかも失敗は許されません。たくさんの人々を養う恵みの作物ですが、育てるのに手間と時間がかかります。ですから、多くの人々の協力が必要です。縄文時代に親族だけで生活していた人々は、親族だけでなく、多くの仲間とともに生活するようになっていきました。ムラができ、やがて国の誕生となっていきました。

手間がかかるということは、指導者が必要だということです。優れた指導者がいなければ米作りは失敗します。いつごろ籾をまけばいいのか、水の管理はどうするのか、そのようなことを指導する優れた人がいなければなりませんでした。

最初は、大陸からやってきた渡来人に教えてもらっていたことでしょう。日本人は渡来人のやること

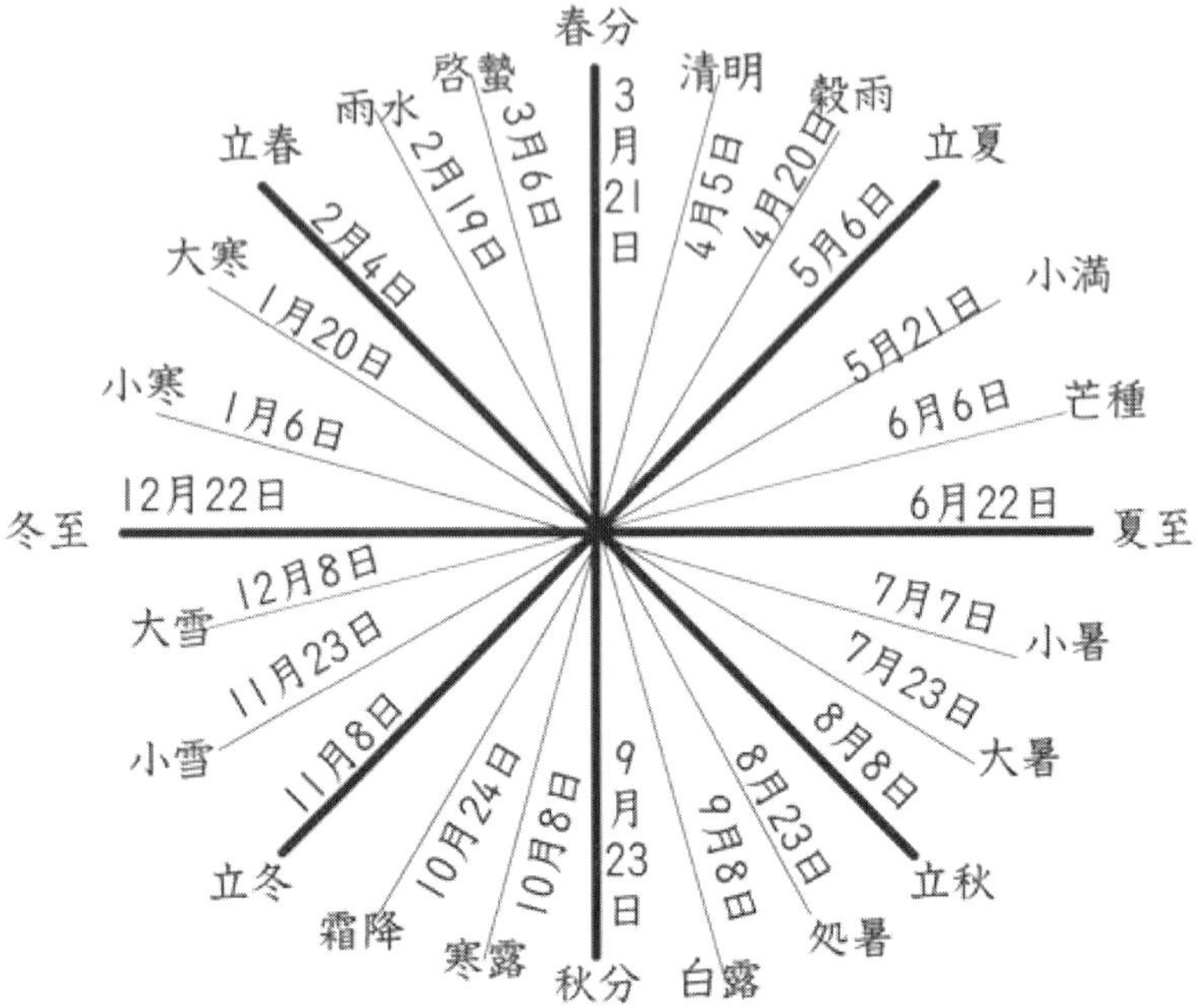

二十四節気（月日は太陽暦による）

を見て米作りの方法を覚えました。見本を見て学習するという方法はすでにこの時代からあったのです。その学習方法は現在も受け継がれています。

　指導者である渡来人は中国で身につけた方法を使いました。二十四節気もその一つです。暦のない時代、二十四節気は米作りにはなくてはならないものでした。

　二十四節気は一年を二四に分けています。その間隔は一五日です。中国から伝わった二十四節気があれば、もうすぐ田おこしをしなければいけないな、籾をまかなければいけないな、と仕事の計画を立てることができます。

　また、桜の花を見て、その年の米の出来具合を占ったという言い伝えもあります。これが花見の始まりだといわれています。

要するに、生活のすべてが米作りのために変わったといえます。

神に対する畏敬の念もますます大きくなっていきました。現在、各地で行われている祭りは稲作にまつわるものがほとんどです。

田植え前の祭りは豊作を祈願する祭りです。また、秋祭りは収穫を感謝する祭りです。暑い夏に行う祭りは、雨の少ない時期なので雨乞いをする祭りです。

日本の神は八百万の神です。豊作祈願や収穫に感謝する祭りが、各地でいろんな形で行われています。それほど米作りは難しく大切だったということです。

当時の人は、米をどのようにして食べていたのでしょう。

最初は籾のまま焼いて食べていました。焼けた籾殻をむいて食べたり、お湯にひたしたりして食べていました。その後、脱穀という方法で籾を取り、土器で煮ておかゆにして食べていました。

人々は米をおいしく食べるために、水加減によって固くしたり軟らかくしたりできる方法を発見しました。

古墳時代には「こしき」という道具を用いて、米を蒸して食べていました。食料が豊富になり余裕ができるようになることによって、よりおいしく食べる方法を発見していきました。

3　意外に肉も食べていた日本人

五三八年に、仏教が朝鮮半島から日本に伝わりました。仏教には「不殺生戒《ふせつしょうかい》」という生き物を殺してはいけない戒律があります。

奈良時代、聖武天皇は「殺生肉食禁断の詔」という法律を出しました。肉食を禁じた法律です。この法律で食べてはいけない生き物は、ウシ、ウマ、イヌ、サル、ニワトリの五畜でした。しかも、食べてはいけないのは四月から九月の間でした。あとは食べてもよかったのです。

なぜでしょう。もう一度、五つの動物を見てください。共通することが浮かびませんか。しかも四月から九月という限定された期間だけだったこともヒントになります。

ウシやウマは農作業に使います。田畑を耕したり荷物を運ぶためには、なくてはならない動物でした。さらに四月から九月といえば農繁期です。この時期に必要な動物だったので保護したといえます。

イヌは狩りや番犬には必要な動物です。しかも人なつっこいイヌはペットとしての役目もしていました。サルは人間に似ているという理由で、食べてはいけませんでした。

ニワトリは時を告げる神聖な動物でした。ニワトリは食べられませんでしたが、キジなどの野鳥は食べることができました。ニワトリが食べられるようになったのは江戸時代に入ってからです。

では、ニワトリのタマゴはどうだったでしょう。殺生肉食禁断の詔にはタマゴは入っていません。ということは食べてもよかったのですが、意外と食べられなかったようです。

これは日本人の宗教観に関係があるようです。生命としてまだ誕生していないものを食べることは畏れおおいという考え方です。また、家畜として飼っている動物は、肉だけでなく、乳やタマゴもまた食べることに抵抗もあったようです。

このように五つの動物は、農業や生活のためには必要な動物だったのです。だから、食べることを禁じたのです。反対に、イノシシやシカ、キジは田畑を荒らす動物だったので、積極的に食べたようです。

高低差の激しい森林の国、日本では牧畜は広まりませんでした。ですから、ヨーロッパのように食べるために動物を飼うという考えにはならなかったのです。

家畜の乳を飲むという文化が広まらなかった日本ですが、同様にお茶を飲むということも広まりませんでした。

奈良時代には中国からお茶が入って来ますが、日本人はあまり好まなかったようです。遣唐使が廃止され、国風文化が広まる頃になると廃れていきました。

もっとも、日本の水はそのまま飲むことができます。日本の天然水は驚くほどおいしいのです。しかも害がありません。ですから、日本にはお茶は必要なかったのです。中国のように水資源に乏しい国では蒸留した水を飲むので、茶の香りと芳ばしい味は必要だったのです。

4　精進料理が発展したのは禅宗のおかげ？

それが鎌倉時代になり急速に茶が広まります。それには理由があります。中国に修行に行っていた臨済宗禅僧の栄西《えいさい》が「健康食品」として当時の将軍・源実朝にお茶を献上しました。ここからお茶は広まっていきました。茶の栽培も始まります。

禅宗の修行のためには、茶が必要だったのです。茶にはカフェインが含まれています。カフェインには覚醒作用があります。禅宗では長時間座禅を組みます。ですから、眠気覚ましのためにお茶は使われました。そして、一般庶民には健康食品としてしだいに広まっていきました。

やがて「闘茶」といって、お茶の産地を当てるゲームのような催し物が起こり、禅宗の修行から離れるようになりました。

これに警鐘を鳴らし、新しい茶の文化を開いたのが、茶人の村田珠光《しゅこう》や武野紹鷗《たけのじょうおう》、そして紹鷗の弟子の千利休だったのです。茶道が「わび」「さび」を追求するようになったのも闘茶の反省からだといわれています。

禅宗は、お茶だけでなく日本の食文化にも大きな影響を与えました。禅宗は「殺生肉食禁断の詔」を守ることによって新しい食文化を作り出しました。

たとえば、中国の羊羹には羊の腸が入っていますが、日本の羊羹には羊の腸の代わりに寒天や小豆を入れています。

中国の饅頭には肉が入ったものがありますが、日本の饅頭には豆から作られた餡が入っています。このように肉を使わない食べ物が登場します。肉を使えないので、どのようにしてタンパク質を確保するか、禅宗の僧は考えたのです。

納豆も寺で作り出された食べ物です。塩辛納豆は中国から伝わり古くからありました。糸引き納豆は室町時代に日本のお寺で誕生しました。

寺には納所《なっしょ》と呼ばれる金銭や米・穀物を保管しておく部屋があります。大豆はわらに包まれて保管されていました。わらには納豆菌がついています。偶然だったのでしょうが、この納豆菌が大豆を腐敗発酵させて糸引き納豆が誕生したのです。糸引き納豆のおいしさは格別です。動物性タンパク質を摂れない禅僧にとって、大豆は欠かせない食べ物だったことでしょう。

肉を使わない精進料理も、禅宗の影響を受けて作られました。

「精進」とは仏教用語で、悪事を断ち善い行いを修めるために雑念を取り去るという意味です。これが心身を慎むために酒や肉を断つという意味に転じました。

精進料理から転じた料理に会席料理があります。「かいせき料理」には「会席料理」と「懐石料理」の二つの漢字があります。

茶会の前に食べる料理が懐石料理です。その由来は、ある禅僧が修行中に空腹になり、懐の中に温《おん》石《じゃく》を入れて空腹に堪えたという話にあります。ですから質素で軽い食事なのです。会席料理は懐石料理が変化した料理です。江戸時代に連歌や俳諧の会席で出された料理なので「会席料理」と書くわけです。いずれにしてもこのような場での食事は質素です。精進料理から一汁二菜や一汁三菜という食事が生まれました。日本料理が世界でも有数の健康食であるのはそのためです。肉を使わない地産地消の野菜中心の料理だからです。

精進料理は食事の作法についても、新しい文化を生み出しました。現在、食堂で定食を注文すると上のような膳が運ばれてきます。

箸は手前に置きます。ご飯は必ず左です。右利きの人が多いので、左手でお茶碗を持つから左に置くのだと思っている人が多いようです。

ものの配置においては、右より左のほうが格上なのです。ですから、格が上の主食であるご飯を左に置き、汁物は右に置くようになりました。

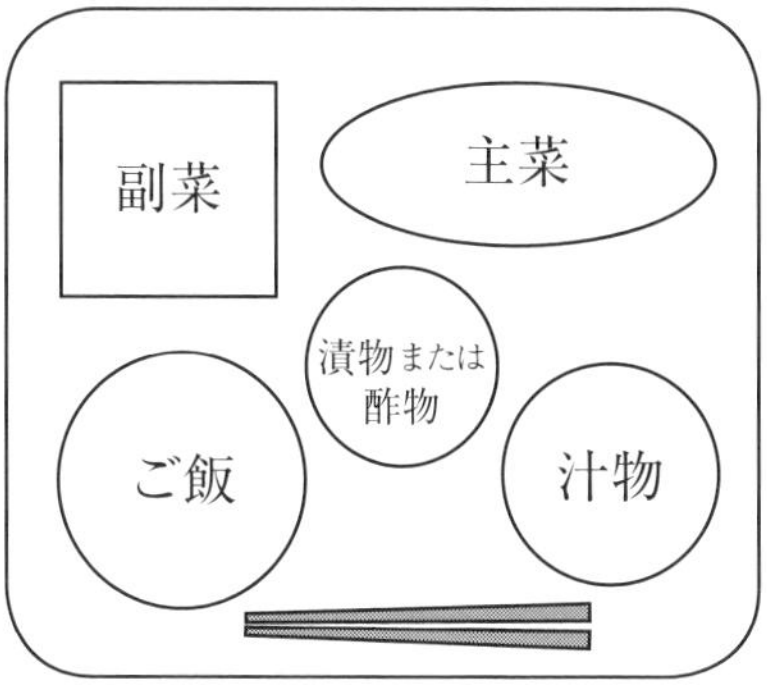

定食の配膳のしかた

図のようにご飯を左に置くのは、食事の作法にもかなっています。

ご飯を左に置くとお箸がご飯をまたぐことはありません。格が上のご飯をまたぐことは礼儀に反するわけです。

このような小さな作法に美を見つけたのが「わび」「さび」の世界でした。

「わび」は「わびしい」という意味から転じました。華やかさの中にある美ではなく、質素で目立たない中にある美を追究しました。「侘茶」という言葉があるように、「わび」は主に茶道の中で発展していきました。

茶道にはいろいろな作法があります。お茶碗の持ち方、礼の仕方、掛け軸の鑑賞の仕方。それぞれの所作に美があるのです。禅僧であったといわれている千利休は、この「わび」を大変重視しました。そのため、太閤秀吉の怒りに触れ切腹を命じられます。千利休の「わび」に対して、太閤秀吉のお茶は絢爛豪華だったからです。もっとも、秀吉の怒りに触れたのは千利休の木像が大徳寺に置かれたのが直接の原因だといわれています。しかし定説とはいえません。

茶道が一般大衆に広まったのは、この「わび」の影響が大きいといえるでしょう。茶室も草庵のように粗末で小さく、わずかな空間に坪庭と呼ばれる小さな庭を造りました。お金がなくても楽しめる文化が茶の道なのです。

「さび」は「さびしい」という言葉から転じました。主に連歌や俳諧で使われました。

松尾芭蕉の俳句「古池や蛙とびこむ水の音」や「閑《しずけ》さや岩にしみ入る蝉の声」が代表的な作品です。古池、一匹の蛙、小さな水の音。何ともいえない静かさが伝わってきます。「わび」の世界を実感できる俳句です。

芭蕉は「不易流行」を求めました。変わらないものと変化発展するもの、その中にある矛盾を俳句にしました。「閑さや岩にしみ入る蝉の声」がそうです。

蝉が鳴いているのに閑かというのはいかにも矛盾です。しかし、この俳句からは閑かさが伝わってきます。不思議ですね。矛盾する概念を結びつけることによって新しい美の世界を作り出しました。

この俳句は山形県の立石寺が背景となっていますが、立石寺は険しい岩山の頂上にある小さな天台宗のお寺です。芭蕉が求めた「さび」の世界そのものといったお寺です。

いずれにしても茶道は禅宗と結びつき、「わび」「さび」という新しい文化を生み出しました。石庭ももちろん「わび」「さび」文化です。石と岩という質素なもので自然を表現しているからです。

【参考にした本】
永山久夫監修『日本人は何を食べてきたのか』青春出版社
西本豊弘監修・ポプラディア情報館『衣食住の歴史』ポプラ社
新谷尚紀監修『日本の「行事」と「食」のしきたり』青春出版社
神崎宣武著『「まつり」食文化』角川選書
大野誠著『子供に大切なことは、「食卓」で学ばせたい。』現代書林
石毛直道著『食卓文明論』中公叢書
永山久夫著『イラスト版たべもの日本史』河出書房新社

第二章

遊び心あふれる ユニークな言語にほんご

第一節　歌にみる日本の風景

【先生方へ】

二〇〇八（平成二〇）年に改定された学習指導要領の国語科で、最も注目を集めたのは古典教材です。万葉集は小学校でも取り上げられています。その万葉集には、日本を象徴する富士山をうたった歌がたくさんあります。また、身近な言葉がどのようにして生まれたのかも紹介します。

中学の社会科では、国風文化として古今和歌集が編集されたことを学習します。古今和歌集に掲載されている富士山をうたった歌に注目させることで、当時の人々の富士への思いを読み取ることができるでしょう。

1　富士山は全国に三五〇もある!?

新幹線に乗って東京に向かう楽しみのひとつに富士山があります。大阪生まれの私は、車窓に富士の裾野が見えてくると小さな興奮を覚えます。夏の富士山は雲がかかっていることが多く、全体がなかなか見えません。冬は見える日が多く、雲ひとつかかっていない富士山を見る機会に恵まれます。十数分富士を堪能すると、何か良いことが起こりそうな気がします。

冬の天気の良い日は、東京湾からでも富士山を見ることができます。また、夏でも晴れた早朝なら東京湾から見ることができます。昔の人々は富士を見て、朝晩手を合わせたといいます。富士には神が宿り、私たちに光を与えてくれる。希望を与えてくれると思って手を合わせたのでしょう。

江戸時代には富士参りがさかんに行われました。落語のネタにもなっています。富士講といって、富士山を信仰する人々は、お金を出し合って富士山までの旅費を積み立て、村の仲間に代参をお願いしました。

参ることができない信者は富士山に似た山に詣でました。日本全国に富士という名前の山が残っています。北海道には「利尻富士」「知床富士」というように一八か所に富士という名前の山があります。東京から離れた沖縄にも「本部《もとぶ》富士」「塩屋富士」という富士山があります。八丈島にもあります。全国に約三五〇か所もあるそうです。日本人がいかに富士山を愛し、信仰していたかがうかがえます。

「ふじ」とはどういう意味でしょう。日本にまだ文字がなかった大昔に作られた名前のようですが、「ふ」は「吹く」こと。「吹き出す」という意味です。「じ」は「地面」のこと。「地面から大きなエネルギーが吹き出す山」という意味です。大昔、富士山は何度も噴火を繰り返していたので、人々はこう名づけたのでしょう。

『富士山』という漢字を使ったのは、平安時代になってからです。『竹取物語』には、かぐや姫が月に帰る前に、帝に不死の薬と手紙を贈る場面が出てきます。帝はかぐや姫のいないこの世で長生きしても意味がないと思い、兵士を集めて不死の薬と手紙を富士山に持っていって焼くように命じます。帝はその思いをこう詠みました。

あふこともなみだにうかぶわが身には死なぬ薬も何にかはせむ

この話から「不死山」という漢字が当てられました。やがて「死」がつくのは不吉だということで「不二」になり、最後には、帝の使いの兵士が大勢で富士山に登ったことから「たくさんの兵士」ということで「富士」という漢字を使うようになりました。

しかし、『万葉集』では「不尽」という漢字が使われています。「永遠に尽きない」という意味です。「布士」「布白」「布仕」という漢字も見えますが、これらは万葉仮名です。

2 和歌でわかる！ 富士山の変遷

さて、『万葉集』に載っている富士に関する歌を紹介しましょう。一番有名なのは山部赤人《やまべのあかひと》の歌です。

田児の浦ゆ打出でて見れば真白にぞ不尽の高嶺に雪はふりける（万葉集第三巻三一八）

「田子の浦を通って広々としたところに出て見れば、富士山の高い峰にはいつ降ったのかわかりませんが、本当に真っ白な雪が積もっていました」という意味です。この歌は実は長歌を補足する反歌なのです。この歌の前に長歌があります。

天地の　分れし時ゆ　神さびて　高く貴ふとき　駿河なる　不尽の高嶺を　天の原　ふりさけ見れば　わたる日の　影もかくらひ　照る月の　光も見えず　白雲も　いゆきはばかり　時じくぞ　雪はふりける　語りつぎ　言ひ継ぎゆかむ　不尽の高嶺は　（万葉集第三巻三一七）

「天と地が分かれた大昔より神のように貴い駿河にある富士の山の高い嶺」と歌っています。富士山は、はるか昔から貴い存在だったことがわかります。その富士山の景色を紹介しているのです。「天高く仰いで見ると、日の光も月の光も見えない。白い雲も畏れて富士山の上を通るのを遠慮している。そんな中で富士山にはいつまでも雪が降っている。そんな富士山を人々に語り継いでいこう。言い伝えていこう」という意味です。

山部赤人が富士山をいかに神として尊敬していたかがわかります。この歌は赤人が東国に行ったときに詠んだ歌ですが、その後、人々は富士山の美しさ、雄大さ、神々しさを多くの人々に語り継いだことでしょう。

ところが、『新古今和歌集』では、この歌は次のように変わっています。


田児の浦にうち出でて見れば白妙の富士の高嶺に雪は降りつつ

「田子の浦に来て富士の峰を見ると雪が真っ白に積もっている。そして今も雪が降っているようだ」という意味になります。

『万葉集』は万葉仮名で書かれています。当時はひらがなやカタカナが誕生していません。『新古今和歌集』は鎌倉時代にできました。当然、ひらがな、カタカナはすでに使われていました。ですから、この頃になると万葉仮名を正しく読める人も少なかったようです。口伝しているうちに変化していったと思われます。

しかし、誤って伝わったとしても、当時の人々には違和感がなかったのでしょう。赤人の時代には田子の浦から富士山を見ることができなかったのが、鎌倉時代には見えるようになっていたのかもしれません。その間に開発が進み、森林がなくなったとも考えられます。現在の富士の裾野から想像すると、考えられることです。

高橋虫麻呂も富士山の雄大さと神秘性を歌っています。

日の本の　大和の国の　鎮めとも　います神かも　宝とも　なれる山かも　駿河なる　不尽の高嶺は　見れど飽かぬかも
（万葉集第三巻三一九の一部）

高橋虫麻呂は山部赤人より少し後の歌人です。この歌を詠むと、赤人の考えを引き継いでいることがわかります。赤人よりさらに富士の偉大さが歌われています。「日の本の」と「大和の国」の存在を大きく歌っています。「大和の国を守り鎮めてくれる神のような宝である山」である富士山は「いくら見ても飽くことはありません」という意味です。

七〇二年に、中国は日本の主張を受け入れ、「日本」という国号を承認します。「日本」と書いて「やまと」と読みますが、中国読みだと「ジッポン」となり、「にっぽん」と読まれるようになったようです。

この歌は、富士山は日本国の象徴であると歌っているのです。私たちが、今、富士山を世界に誇れる山だと思っているのと同じことを、一三〇〇年も前の日本人も思っていたのです。虫麻呂は次の歌も残しています。

不尽の嶺を高み畏み天雲もい行きはばかりたなびくものを（万葉集第三巻三二一）

「富士山があまりにも恐れ多いので雲も富士山の近くに寄れずにたなびいています」という意味です。『万葉集』の時代には、富士は神のごとく存在でした。

しかし、時代が進むにつれて、富士の存在は変わっていきます。『古今和歌集』や『新古今和歌集』では、富士に自分の思いを映す歌が多くなります。

人知れぬ思いをつねに駿河なる富士の山こそわが身なりけり

『古今和歌集』にある作者不詳の恋の歌です。「自分の恋は富士の山のように燃えている」というのです。富士の神々しさが消えてしまっています。この時代、富士は山頂より煙を吐いていたようです。

風になびく富士の煙の空にきえて行方も知らぬわが思ひかな

『新古今和歌集』に載っている西行《さいぎょう》の歌です。「風になびいている富士山の煙は空に消えてしまいました。その煙と同じように私もどこへ行けばいいのか、あてのない思いでいるのです」という意味です。富士を身近に感じるようになっています。同じく富士は煙を吐いています。

富士の美しさは、江戸時代の俳句にも詠われています。

ひと尾根はしぐるる雲か富士の雪（芭蕉）

「たくさんの山々のなかで、ある尾根だけ黒い雲におおわれている。きっと時雨れているのだろう。そんな暗い山並みの中に富士山だけは白い雪をたたえて堂々と立っている」

古の人々は富士の雄大さを歌に詠み、ときには自分自身の思いを重ねて生きたのです。私たちは先人から受け継いだ富士の素晴らしさを、後世の人々に伝えなければなりません。

3　芽は目、葉は歯のことだった⁉

植物は春になると芽を出し、新しい生命が誕生します。やがて本葉が出て大きくなっていきます。花

人の目

植物の芽

が咲いた後、実がなり、役目を終えた植物は葉を落とし枯れていきます。植物の一生は短いですが、実の中にある種が新しい生命を宿しています。まるで人の一生のようです。

ところで、人の顔のつくりの中に植物と似た名前があることに気づいていたでしょうか。

芽と目、葉と歯、花と鼻です。これは偶然でしょうか。そうではありません。昔の人は植物のつくりの名前に人とのつながりを考えたのです。上の図を見てみましょう。植物の芽と人の目です。

よく似ていると思いませんか。昔の人は植物の芽を見て人の目を想像したのだと思います。植物の芽は新しい生命の誕生を表しています。それまで真っ暗闇の土の中で静かに春を待っていた植物が、暖かくて明るい地上に出た喜びを表しています。

同じように、暗く寒い夜、目を閉じて眠っていた人の目は、暖かく明るい朝を迎えることによって目を覚まします。芽と目にはこのような共通点があります。昔の人々はこのようなことを考えて名前をつけたのでしょう。

葉と歯も同じです。葉は枝にたくさんついています。光合成をして栄養を作る場所です。植物の栄養を体全体に送るための最初の役目をしています。

歯も同じです。口の中にはたくさんの歯が並んでいます。体全体の栄養となる食べ物は、最初、歯で咀嚼され唾液によって分解されつつ消化器官に送られていきます。体全体に栄養を送る最初の役目を担っています。

他の器官の名前もちゃんと意味があります。鼻は花のにおいをかくので鼻と名づけたと考えられます。耳は実から名前がつけられました。耳は二つあるので、「み」「み」となったのです。

では、頬はどうでしょう。頬は稲の穂のように膨らんでいます。膨らんだ穂が左右に二つあるので頬《ほほ》と名づけられました。

植物は、芽が出て葉がたくさん茂り、花が咲き、実がなり枯れていきます。

芽→葉→花→実

という成長過程を経て一生が終わります。では、人の顔のつくり

目→歯→鼻→耳

はどんな順番に並んでいるのでしょう。

これは物事を認識する順番です。赤ちゃんは目で新しいものを見つけます。見つけたものを手でつかんで口の中に入れて噛みます。噛んで食べられるものかどうか確かめているのです。そして、鼻でにおいをかぎます。最後はお母さんに「これはおもちゃですよ。食べられませんよ」と教えてもらいます。お母さんの声を耳で聞いて学んでいくのです。

他にも、髪は人の一番上にあるのでかみ（上）というようになったそうですが、それだけではありません。髪は切っても切っても伸びてくる生命力があるので、神と同じだという意味で「かみ」と名前がついたという説もあります。日本人はすべてのものに神が宿ると考えていたので、この説も正しいと思

います。

ちなみに、体の中で切っても切っても伸びるものは他にもあります。爪です。つめ（詰め）はここで終わりという意味です。体の中の一番先は爪です。だから、体の終わりという意味で爪（つめ）と名づけたようです。

4　水にまつわる語が豊富な日本

　ゆく河の流れは絶えずして、しかも、もとの水にあらず

鴨長明の『方丈記』の書き出しです。河の流れは同じように見えますが、そこを流れる水は一つとして同じものはない。流れてしまった水はもとに戻ることはない。まるで人生そのものだという意味です。日本は水の豊富な国です。水は私たちに生命力を与えてくれます。水がなくなると命をもつすべての生き物は死んでしまいます。水なくしては生きていけません。森から流れる水は海に流れ込むまでは水という名前ですが、蒸発し空に浮かぶと、雲、雨、雪と呼ばれるようになります。

古人は、地面を流れる水がやがて天に昇ることを神秘的に思ったことでしょう。姿を変える水の一生を見て、人の一生を鏡に映したに違いありません。人は死んだ後、別の世界に行くというのは、まさに水の一生そのものです。

水は神にも関わりがあります。神社にお参りするとき、手水舎で手を洗い、水を口に含みますが、これは神前に出る前に体を清める一つの儀式です。けがれのない体と心で神と出会うという神道の儀式なのです。

この儀式は相撲の世界に残っています。力士は土俵に上がり相撲を取る前に水で口をすすぎます。土俵に上がる前に体と心を清め、嘘偽りのない状態で相撲を取る。あの土俵での力士の振る舞いには、このような意味があるのです。

自然に恵みを与えてくれる水は、ときには恐ろしい顔を私たちに向けることがあります。大雨による土砂崩れ、洪水、地震の後の津波。水は容赦なく私たちを打ちのめします。古人ははむかうことのできない水の力に畏敬の念をもったことでしょう。だからこそ、水を使った言葉がたくさん生まれたのです。「水月《すいげつ》」という言葉があります。水面に映る月のことです。水に映る月はゆらゆら揺れてまるで幻のようです。その様子がくらげ（海月）に似ているので、くらげのことを指すようになりました。「水花《すいか》」とは水に浮かぶ浮き草のことです。食べ物の西瓜も、水分を多く含むのでこの名前がついたようです。当て字ですが「水瓜」とも書きます。

「水火《すいか》」と書けば、水に溺れ、火に焼かれる苦しみのことになります。同じ言葉なのに天と地の違いです。美しい言葉の裏には苦しい意味があるということでしょうか。人生、どんなに成功しても、失敗したときのことを忘れてはならないという教えのように思えます。

「雨水《うすい》」は二十四節気の一つで、二月二十日頃です。空から降る雪が雨に変わる頃のことで、雪が解け始める時期のことです。

二十四節気にはもう一つ「穀雨《こくう》」という言葉があります。田植えの準備が整い、それに合わせて降る春の雨のことです。「雨が降って百穀を潤す」という言葉から作られました。この雨は私たちが生きるために必要な穀物を育ててくれる雨なので、恵みの雨です。四月二〇日頃を指します。

このように、「雨」のつく言葉もたくさんあります。

雨は、空気中の水蒸気が集まって雲になり、それらがさらに大きく重くなったものですが、雲は空気中に塵がないとできません。この塵に水滴が集まって雲になり、水滴がぶつかり合って大きくなって地上に落ちてくるのが雨です。私は、高校生の頃、雨は単なる水ではないんだ、塵を含んでいるんだと知ったときの驚きを覚えています。

「喜雨《きう》」という言葉があります。雨が何日も降らず日照りが続いた後に降る雨のことです。それまでしおれていた植物が元気を取り戻し喜んでいる姿が浮かびます。

「時雨《しぐれ》」は晩秋から初冬にかけて降る雨のことです。急に降り出し、数時間で止む雨のことです。夕時雨、村時雨ともいいます。夜に降る時雨は「小夜時雨《さよしぐれ》」と呼ばれています。なんとも美しい言葉ですね。

「五月雨」は梅雨の時期に降る激しい雨のことです。五月頃に降るのでこの名前がついたのでしょうが、「さ」は五月を表しますが、「みだれ」とはどういう意味でしょう。「みだれ」は「水垂れ」と書きます。梅雨の雨が降り止んでもまだ家の軒下には雨の雫がぽとりぽとりと落ちてくる、そんな光景が浮かぶ言葉です。

「驟雨《しゅうう》」とは「にわか雨」のことです。にわか雨には他にも「白雨」「村雨」「夕立」があります。

「天気雨」、俗にいう「狐の嫁入り」です。晴れているのに雨が降る状態のことです。なぜこのようなことが起きるかというと、雨粒が地面に落ちる前に強い横風に流されて、晴れているところに落ちるからです。

古来から「狐の嫁入り」と呼ばれてきました。狐が嫁入りを人間に見られたくないから、天気の日に雨を降らすという言い伝えです。人々は信じたのでしょうか。

江戸時代の浮世絵師・葛飾北斎は『狐の嫁入図』という絵を残しています。遠くに狐の嫁入り行列が通り過ぎます。こちらにいる人には見えません。突然の雨に驚いて農作物を取り入れています。そのような絵です。なんとも笑ってしまう絵です。

「雨垂れ石を穿《うが》つ」という諺《ことわざ》があります。わずかな雨のしずくでも同じところに落ちれば、頑丈で固い石に穴をあけることができるという意味から、どんなに小さな力でも根気よく続けてやれば、最後は成功するという意味です。

自然を表す美しい日本語は他にもたくさんあります。特に「花」や「風」を使った言葉はたくさんあります。しかし、最近では使われなくなりました。使われなくなり、やがて消えていくはかない言葉ですが、一つ一つの言葉に古人の思いや願いが宿っています。美しい自然に包まれた日本に生きた人々が作り出した、美しい日本語を後世に伝えたいと思っています。

【参考にした本】
久松潜一著『万葉秀歌』講談社学術文庫
村瀬憲夫著『万葉びとのまなざし』はなわ新書
青木周平他著『万葉ことば事典』大和書房
桑原博史著『全注釈　西行物語』講談社学術文庫
中西進著『ひらがなでよめばわかる日本語のふしぎ』小学館
中西進著『日本人の忘れもの』ウェッジ
倉島長正著『日本人が忘れてはいけない美しい日本の言葉』青春出版社

第二節　漢字をユーモラスに使った日本人のおおらかさ

【先生方へ】
漢字については小・中学校の国語科で学習します。この節では漢字だけでなくもっと言語の根本である言葉の誕生、文字の誕生から紹介しました。言葉の誕生、文字の誕生は中学校の歴史でも勉強します。しかし、教科書などの掲載は少ないのが実情です。子どもたちに紹介するときっと興味をもつと思います。

1　音声、言葉、言語、どうちがうの？

音声とは、呼吸器などの発声器官を通して発する音のことです。

生物は鳴き声で情報を伝えています。チンパンジーは何十種類も音声をもっています。この音声で仲間と情報交換をしているのです。音声で足りない部分は身振りなどを使っています。

原人類も音声だけで十分意思の伝達ができました。しかし、彼らは言葉を使うようになりました。言葉は、気持ちや思い・考えなどを相手に伝える手段です。原人類にとって、音声より多くの情報をより正確に伝えることが必要だったため、言葉が生まれました。

では、言語とは何でしょう。言語とは言葉を文法的に構成したものです。

言語には一定のルールがあります。それが文法です。人類は音声→言葉→言語の順に獲得してきたのですが、では、いつごろどのようにして獲得したのでしょう。

中央アフリカの熱帯から草原に出た原人類は、森林で生活していた頃のように、最初は根菜類や草木を食べていました。しかしやがて肉食も始まりました。その理由は、草原には森の中のようにたくさんの食べ物がなかったからです。しかし、それだけではありません。脳が大きくなり、カロリーの高い食べ物が必要になったからです。

森の中で採集生活をしていた人類は、草原に出るようになってからは狩猟もするようになりました。採集だけでは圧倒的に食料が足らなかったからです。狩猟のために人類は石器を発明します。そのため脳が大きくなっていきました。

人類の生活は、採集生活から狩猟採集生活へと移っていきました。

一八〇万年前に石器を発明した後、脳の肥大化は止まっていました。これが五〇万年前から再び脳の肥大が始まりました。この脳の肥大は人類が言語を獲得するまで続きました。

精神科医の吉田脩二氏は、原人類のネアンデルタール人は、このときの脳の肥大化により滅びたという説を唱えています。脳の肥大化で難産になり母子ともに生命の危険にさらされたというのです。

人類の最初の言葉は「舌打ち語」だといわれています。「舌打ち語」から無声音・有声音に発展し、言葉を増やしていったものと思われます。ネアンデルタール人は言葉を使っていたと考えられますが、言語をもつことなく絶滅していきました。

吉田氏によれば、言葉は狩猟時に仲間同士コミュニケーションをとるために誕生したといいます（他にも「社会的毛づくろい」説、「性淘汰」説があります）。古人類学者によれば、言語の始まりは四四〇万年前まで遡り、その後徐々に発達していったといわれています。

いずれにしろ、その頃の言葉は現在とは比べものにならないほど少なかったことでしょう。投げかけられた言葉に対する反応もイエス・ノー程度だったことでしょう。

ところが言葉は言葉を生み、言葉が氾濫してくると、ある規則が必要になります。これが文法です。言葉は文法を生み、言語として進化していきました。

一八〇万年前の石器の発明が脳の肥大化を止めたように、言語を手に入れることにより脳の肥大化が止まりました。ホモ・サピエンスはこの言語環境に適応することができました。

ところが原人類であるネアンデルタール人は適応することができませんでした。ネアンデルタール人は、ホモ・サピエンスが人間となった後も四万年以上も人間と共存していましたが、やがて滅んでいきました。

人類が熱帯林から離れることがなければ、言語を獲得することはなかったかもしれません。人類は生き残るために言葉を言語として進化させました。その環境に適応することができなかった原人類は滅び、適応できた私たちの祖先ホモ・サピエンスは生き残ったのです。

2 「光」は「ひ！」から生まれた！

世界にはおよそ六〇〇〇もの言語があります。インドだけでも四〇〇〇以上の言語があるといわれています。ホモ・サピエンスがアフリカを出たときの言語は一つだったに違いありません。その後、たくさんの言語が誕生しました。

誕生したばかりの人類は、食料や住む場所を獲得するために争いが絶えませんでした。言語は身を守る手段でもあったのです。言語が違えばよそ者を排除することができました。弱小な言語は消えていき、強大な言語は方言として分化していきました。

一つの言語はどのようにして広がっていったのでしょう。その要因はいくつかあるでしょうが、農耕も要因のひとつです。

農耕が発達した地域から外へ農業技術が広がっていくと、農業技術とともに言語が普及していきました。言語なくして技術の伝達はありえません。

人類最初の農耕地帯は四大文明発祥地です。メソポタミア文明を起源とするインド・ヨーロッパ語族は、西ヨーロッパからインドまで広がっていきました。黄河文明は中国大陸だけでなく、東南アジアからオセアニア地方まで広がっていきました。そして、この中に日本語の素となる言語も含まれていました。

日本語の語源については諸説があり、未だ不明です。アイヌ語、エスキモー語、朝鮮語、アルタイ語、ウラル語、チベット語、ビルマ語、安南語など、まだまだ説はあります。その中で一番近いのはアイヌ語や琉球語だといわれています。

いずれにせよ日本語は、日本列島に住み着いた縄文人やその後の渡来人との間で長い歴史を経て作られた言語だといえます。多民族同士がお互いの意思を伝えるために使われた言語なのですから、言語としてのレベルは高かったことでしょう。日本語が難解だといわれるゆえんは、こんなところにあるのかもしれません。

日本語も最初は一音だけの単語だったに違いありません。「光」は最初「ひ」という一音でした。光っているものを見て「ひー」と叫んだのかもしれません。それが光っている「日」や「火」にも使われるようになったのでしょう。

「ひ」からいろいろな言葉が誕生しました。すべて明るさに関係します。日の照っている間を「ひる

（昼）」といいます。日が出る方向を「ひがし（東）」といいます。「ひがし」は、もともとは「ひむがし」といいました。「ひむかし」は「ひ（日）にむかう（向かう）」という意味です。「し」は「木枯らし」の「し」で「風」という意味です。

「ひむがし」から「ひんがし」になりました。飛鳥時代の歌人・柿本人麻呂《かきのもとひとまろ》の歌（万葉集第一巻四八）に、

東《ひんがし》の野にかぎろひの立つ見えてかへりみすれば月かたぶきぬ

があります。このようにしてたくさんの日本語が生まれました。

舌打ち語から始まった言葉は、やがて母音、子音を織りまぜて、さまざまな言葉を作り出したのです。日本のように公用語が一つの国はわずかしかありません。日本という狭い国土の中で生活するには共通の言語をもつ必要があったわけです。自分たちが使っていた言語では意思は伝わりません。伝わらないと交易もできません。交易ができないと生き残ることはできなかったのでしょう。縄文時代には、すでに海路を使って日本列島のいたるところで交易が始まっていたといいます。

人々の移動に伴い言葉は変化し、外から来た言語も柔軟に取り入れながら、日本語は豊かになっていったのでしょう。

日本人は外国語をそのまま使うのではなく、日本語に翻訳して使いました。漢字が日本に入ってきた古代の頃から、この伝統は続いていました。ポルトガル語、オランダ語、フランス語、英語が日本に入ってきたときも同じ現象が起きました。

3　文字の誕生と伝来

話し言葉はすぐ消えてしまいます。記録して残すことはできません。記録するためには言葉を形として表す必要があります。

文字が誕生する前には、「結縄《けつじょう》」というものがありました。縄の結び目の形や数、紐の色で数や出来事を表していました。インカ帝国で使われていた結縄が残っています。インカ帝国には文字がなく、この結縄が文字の代わりをしていたそうです。

情報が多くなると、結縄では不便です。もっと簡単に多くの情報を残す方法が考えられました。これが文字です。

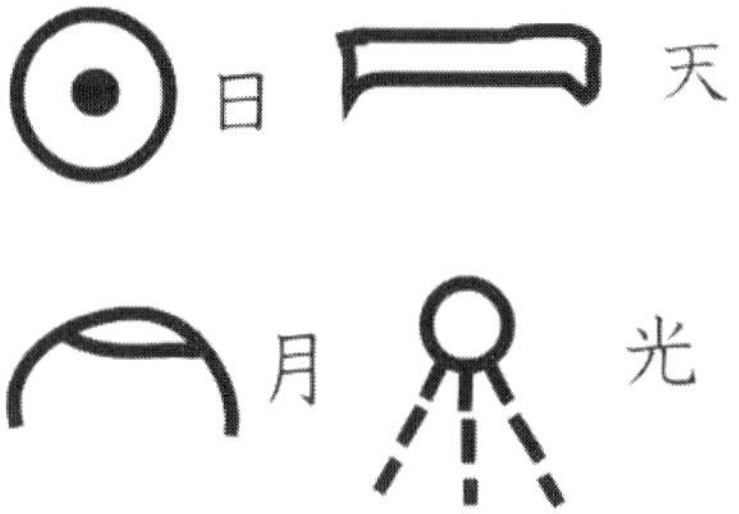

エジプトの絵文字

文字は四大文明地に誕生しました。最初の文字は絵文字でした。上図はエジプトの絵文字です。こうした絵文字がやがて実物を抽象化して表す象形文字に変わっていきました。

中国では、象形文字は蒼頡《そうけつ》という人が作ったといわれています。蒼頡には目が四つもあったという逸話が残っています。数や形など象形文字で表せない概念は指事文字や、二つ以上の漢字を組み合わせる会意文字などで表しました。

中国、朝鮮からの渡来人が漢字を日本に伝えました。日本に持ち込んだ貨銭や銅鏡、刀剣に文字が刻まれていたのです。西暦一世紀頃にはすでに、日本に漢字が入っていたといわれています。

国宝金印「漢委奴国王」印面（福岡市博物館所蔵）

そういえば、中学校の社会科で学習する「金印」には「漢倭奴国王」という文字が書かれています。西暦五七年に、中国の光武帝が倭《わの》奴国《なのくに》の国王に与えたものだといわれています。

古事記と日本書紀には、百済から王仁《わに》が渡来して漢字と儒教を日本に伝えたとあります。王仁が持ってきたのは「論語」や「千字文」でした。「論語」は儒学を広めるために日本に持ち込まれました。「天地玄黄　宇宙洪荒」から始まる「千字文」は四文字熟語で書かれ、漢字が千字集められています。中国の子どもたちが漢字を学ぶときのテキストとして使ったようです。このテキストは漢字を覚えるためだけでなく、韻をふむ四字熟語が音読や暗唱にも使われたそうです。いわば大流行した教科書だったのです。

では、いつごろ日本人は漢字を使うようになったのでしょう。

『魏志倭人伝』には、

倭王は、使に因って上表文をたてまつり詔恩を答謝した

とあります。二四〇年の出来事です。ですから、三世紀にはすでに漢字は使われていたといえます。おもに政事に携わる少数のエリートたちが、漢文として使っていたのでしょう。

次に考えられるのが写経です。仏教は六世紀中頃、朝鮮の百済から日本に入ってきました。貴重な仏典を広めるために写経が盛んになりました。仏典を写す仕事をする人を経師といいますが、彼らは一枚五文という賃金をもらっていました。一日に多い経師で一四枚程度、少ない人で五枚程度写したそうで

す。ところが、書き間違いがあると賃金から引かれたそうです。なんとも厳しい仕事だったようです。

六〇七年に建てられた法隆寺金堂にある薬師像の光の背に、次の文があります。

造寺薬師像作

大命受

漢字だけの文ですが、これは漢文ではなく日本語です。なぜ日本語なのかわかるでしょうか。

中国語なら述語が主語に続くので「造寺作薬師像」「受大命」となるはずです。漢字ばかりで書かれていますが、語順は日本語なのです。中国から伝わった漢字は最初、中国の漢文の文法どおりに使われていましたが、少しずつ日本語に合うように変化していきました。

4 ユーモアのセンス抜群、万葉仮名

万葉仮名は「仮借」という方法を使っています。「仮借」とは、既成の文字を使って別の語を書き表すという方法ですが、日本人は漢字の音を使って日本語を書き表しました。これが万葉仮名です。

最初は仮借を使って人名や地名などの固有名詞を表しました。

獲加多支鹵（わかたける、雄略天皇の別名といわれています）

巷宜伊那米（そがいなめ、蘇我稲目）

夷與（いよ、伊予）

それがだんだんと、いろんなものを表すのに使われるようになりました。

波流（はる、春）

阿伎（あき、秋）

船乗世武登月待者（船乗りせむと月待てば）
加奈之可利家理（かなしかりけり）
簾動之（簾動かし）

ここで使われている「之」という漢字は、「シ」という音で使われています。

旅之衣

これはどうでしょう。「たびのころも」と読みます。「之」は「シ」ではなく「ノ」という音に使われています。

同じ漢字なのにいくつかの音に使われることもありました。一字でいくつもの音があるのはややこしいですね。

中国では漢字は一字一音ですが、日本の漢字にはいくつかの読み方があります。音読みと訓読みがありますが、中国の呉音、唐音の読み方も入っています。きっと読み間違いが多かったことでしょう。

古代の日本人はこの不便さをなんとかしたいと思って仮名を発明したのです。万葉仮名の工夫を紹介します。

丸雪降《ふり》　遠江《とほつあふみの》　吾《あ》跡川楊《とかはやなぎ》　雖苅《かれれども》　亦生云《またもおふといふ》　余《あ》跡川楊《とかはやなぎ》（万葉集第七巻一二九三）

「丸雪」はなんと読むと思いますか。丸い雪です。そうです。霰《あられ》です。

寒過　暖来者《ば》　年月者《としつきは》　雖新有《あらたなれども》　人者《ひとは》旧去《ふりゆく》（万葉集第十巻一八八四）

「寒過　暖来」はなんと読むでしょう。寒さが過ぎて温かさが来たというのです。これは「冬過ぎて春来る」です。この二つはものの形や様子を表す漢字を使ったわけです。
万葉仮名には数字も使われています。

御《み》山者《やまには》　射目立渡《いめたてわしり》　朝獦尓《あさかりに》　十六履《ふみ》起之《おこし》（万葉集第六巻九二六）

「十六」はなんと読むのでしょう。「シシ」と読みます。獅子のことです。かけ算九九の「四四一六」を使っているのです。謎解きのような漢字ですね。

生友《いけりとも》奈重二（万葉集六巻九四六）

「奈重二」はどうでしょう。「重二」は「二が重なる」ということです。二が重なるのですから「四（シ）」です。「重二」は「シ」と読みます。「奈」は「ナ」そのままです。ですから、「ナシ」です。

狗上之《いぬかみの》　鳥《と》籠山尓《このやまに》有《ある》　不知也河《いさやがは》　不知《いさ》二五寸《を》許瀬《きこせ》　余名告奈《わがなのらすな》（万葉集十一巻二五四二）

この「二五」はなんと読むでしょう。前後の読みでわかると思います。「と」と読むのです。九九の「二五＝十」で十は「と」と読むからです。

若草乃《わかくさの》　新手《にいた》枕乎《まくらを》　巻始而《まきそめて》　夜哉将間《よるをやへだてむ》　二八十一不在国《あらなむ》（万葉集十一巻二五四二）

「二八十一」はなんと読むのでしょう。
二八は一六ですよね。一一と読むと間違えます。「八十一」と読むのです。「八十一」は「九九」です。だから「クク」と読みます。その上に二（ニ）をつけます。だから「ニクク」と読みます。愛する女性との別れをうた歌った悲しい歌なのに、九九を使っているので笑ってしまいます。

かけ算九九は、中国の春秋時代（紀元前七七〇年から紀元前四〇三年）にはあったそうです。斉《さい》の桓《かん》公《こう》が広く人材を集めたとき、九九を暗記している者がいて採用したといいます。

万葉集とは離れますが、「三五の月」という言葉もあります。どんな月かわかりますか。三五は一五ですから「一五の月」すなわち「満月」のことです。

また、「二六時中」という言葉もあります。「四六時中」なら今でも使いますね。実は「二六時中」は「四六時中」と同じ意味なのです。昔は一時《いっとき》が二時間でした。だから一日は一二時間です。一二は九九でいうと「二六一二」です。「二六時中」とは一二時間中ということ、すなわち一日中という意味です。

江戸時代には「二八そば」というのがありました。「二八一六」ですから、このそばの値段は一六文でした。万葉集のユーモア感覚が、江戸時代まで引き継がれているのです。

九九を使って古代の人々は文字を作る工夫をしました。そのおおらかさに驚くばかりです。

春夏秋冬の四季をもつ日本。そこに住む日本人は、それぞれの季節の美しさに自分の思いを託しました。大自然の中で生きていた日本人だからこそ、人を敬い、人との和を大切にしたのです。自然や人々とともに生きることで、悲しさや苦しさを克服していったのでしょう。

【参考にした本】

「科学朝日」編『モンゴロイドの道』朝日選書

ニコラス・ウェイド著『5万年前』イースト・プレス

吉田脩二著『ヒトとサルのあいだ』文藝春秋

工藤進著『日本語はどこから生まれたか』ベスト新書

黄文雄著『日本語と漢字文明』ＷＡＣ
大島正二著『漢字伝来』岩波新書
山口仲美著『日本語の歴史』岩波新書
山口謠司著『日本語の奇跡』新潮新書
中西進著『ひらがなでよめばわかる日本語のふしぎ』小学館
久松潜一著『万葉秀歌』講談社学術文庫
村瀬憲夫著『万葉びとのまなざし』はなわ新書

第三章

太平の世に発展した江戸文化

第一節　江戸時代の子育てと寺子屋ウラ話

【先生方へ】
寺子屋については中学校の歴史教材に出てきます。子どもたちに当時の識字率を知らせると驚くことでしょう。現在の教育システムと対比させながら授業を進めると、おもしろいでしょう。節の最後には、寺子屋クイズをつけました。このクイズでは、江戸の教育を支えた寺子屋とはどのようなものであったかを学ぶことができます。授業でも、ぜひご活用ください。

1　脳の発達はお腹のなかで始まっている！

人間の赤ちゃんは、未熟なまま誕生します。ウマの赤ちゃんは誕生してすぐ立つことができます。ライオンの赤ちゃんも一週間もたてば移動することができます。

人間の赤ちゃんだけが、誕生しても何もできません。これにはわけがあります。

生まれたばかりの赤ちゃんの脳の大きさは約四〇〇グラムです。これ以上脳が大きくなると、母親の産道を通れません。だから、人間の赤ちゃんは未熟なままで生まれてくるのです。身体の発育より脳の発育のほうが早いわけです。

赤ちゃんはお母さんのお腹にいるときは、胎盤と臍帯を通じて酸素を補給していますが、肺の中に羊水を吸い込んでは吐き出す運動もしています。生まれてくるときに産道を通ります。そのときに産道の圧迫で肺にまで入っていた羊水が絞り出されます。気道にも羊水が入っています。これがすべて吐き出されます。

お母さんの産道から誕生した赤ちゃんは、そこで初めて空気を吸います。最初に吸う息は初めての経験なので苦しいらしいのです。だから、赤ちゃんは大声で泣くのだといわれています。

生まれたばかりの赤ちゃんの体細胞は二億個ほどです。成人になると体細胞は四〇億個になります。しかし、神経細胞の数は大人と同じ一四〇億個もあります。赤ちゃんの脳は、母親のお腹のなかでびっくりするほど早く成長しているのです。

それだけではありません。生まれた後も身体より脳の発達のほうが早いのです。脳の大きさは、三歳で成人の約八〇パーセント、六歳で九〇パーセントになります。一〇歳でほぼ大人の脳と同じ大きさになります。

身体より脳のほうが早く成長するのには、わけがあります。

すべての生物は子孫を残すために進化します。人間も同じです。ライオンのような鋭い牙もない。チーターのように速く走れる脚もない。そんな人類が他の動物に襲われないためには、智恵を使わなければなりません。智恵を使って生き延びる工夫をするのです。そのために身体より脳のほうが先に発達します。

脳の発達が一段落した後、待っていたかのように身体の急成長が始まります。一〇歳を超えた頃から中学、高校の間に身体は驚くほど成長します。

江戸時代には「三つ心、六つ躾、九つ言葉、十二文、十五理で末決まる」という言葉がありました。子育ての基本を表す言葉です。六歳になる頃までには一通りの生活習慣や礼儀作法を身につけさせるよう躾をするとよいというのです。六歳の子どもの脳の大きさが成人の九〇パーセントにまでなっていることから考えても、うなずける言葉だといえます。

小学校の入学年齢は六歳、寺子屋の入学年齢も六歳でした。諸外国でも、初等教育は五、六歳で始まる例が多いようです。これにはちゃんとした理由があったのです。

2　個別指導と自習のベストマッチ！　寺子屋の教育システム

ある寺子屋の一日のプログラムを見てみましょう（「寺子屋」というのは主に関西地方の呼び名で、関東地方では「手習所」といったそうです）。

ある寺小屋の１日の学習

1　墨をする
2　手習い→「いろは」「漢数字」を筆で書く
3　素読　**自学自習　個別指導**
4　九九の斉唱
5　手本を読む　**対面指導**
6　音読　追い読みの斉読

朝、寺子屋へ来た子からまず墨をすります。墨をすっている間に師匠が現れ、一日の学習が始まります。

最初は「手習い」といって、「いろはうた」や「漢数字」を筆で書く練習をします。

現在では「あいうえお」の五十音を使ってひらがなを学習しますが、この時代には「いろはうた」が使われました。

手習いについては、いくつか川柳が残っています。

　初午に牛の角から書き習ひ

二月の初午《はつうま》の日は、京都の伏見稲荷の初午祭です。同じこの日が当時、寺子屋へ入学する日でした。

寺子屋に通う子どものことを寺子といいます。寺子はきれいな着物を着て、親に連れられて寺子屋にやってきます。現在の入学式にあたります。そしてこの日から手習いを始めます。最初は牛の角から習ったというのです。何という文字かわかりますか。牛の角に似ているひらがなです。「いろは」の「い」です。入学の日に「い」から習ったのです。

初午に七千両の手を貰ひ

入学の最初に習う文字は「い」からでした。この日に七文字習ったということです。「い」から始まる七文字ですから「いろはにほへと」です。

師匠に「いろはにほへと」という手本を書いてもらって練習します。左は明治から大正期の画家・尾形月耕の描いた「寺子屋図」ですが、前の子たちは師匠に教えてもらっています。「個別指導」です。後ろのほうの子どもたちは手本を書いてもらって、手本を見ながら自習をしています。

「寺子屋図」尾形月耕画
（唐澤博物館蔵）

7　いろはにほへと
5　ちりぬるを
6　わかよたれそ
5　つねならむ
7　うゐのおくやま
5　けふこえて
7　あさきゆめみし
5　ゑひもせす

いろはうた

先ほどの川柳の「手」というのは「手本」のことです。師匠の一文字は値千金といわれました。入学の日、師匠に初めて書いてもらった手本なので「七千両」の値打ちがあるという意味です。

「いろはうた」は、上のように七五調で和歌になっています。上に数字を示してみました。七五調になっていますが、三行目だけ六文字です。ここは本来「わがよはたれそ」と七文字でしたが、「は」が重なるのでこの行だけ六文字になりました。

忠臣の符牒午の日から覚え

符牒とは記号という意味です。ひらがなのことです。忠臣とは何かわかりますか。「忠臣蔵」のことです。歌舞伎の忠臣蔵は「仮名手本忠臣蔵」といいます。忠臣蔵になぜ「仮名手本」という言葉がついているのでしょう。

忠臣蔵の赤穂浪士は四七人です。「いろはうた」も四七文字です。

「仮名手本忠臣蔵」の舞台は、元禄時代ではなく南北朝時代です。大石内蔵助も大星由良之助という名前でした。

忠臣蔵は元禄時代に起きた仇討ちの話で、赤穂浪士は江戸幕府に暗黙の反逆をしました。幕府に刃向かったので事実のまま芝居にすることはできません。だから、時代を南北朝に変え、中心人物の名前も変えました。

でも、「仮名手本忠臣蔵」という名前にすることで四七士とわかるようにしたのです。

さて、「いろはうた」「漢数字」の学習が終わると、次は素読《もとどく》です。

素読とは文章の意味は考えず、文字だけを声を出して読む学習方法です。主に漢文学習の入門期に使われました。

師匠は一人ひとりの素読を聞きながら個別に読み方の指導を行いました。江戸時代には音読の際、字突棒と呼ばれる細長い棒が使われました。師匠は細長い棒を持って読む文字を押さえていきます。寺子が読むとき、師匠が字突棒で読む字を押さえました。小さい子どもは目で文字を追うことができません。だから、字突棒を使って目で追う練習をしたのです。

師匠だけでなく、子ども自身が字突棒を持って読んでいる絵も残っています。それだけではありません。師匠と寺子が二人で押さえている絵も残っています。

子どもは師匠の押さえる文字を声を出して読みます。個別指導です。個別指導をしてもらっている間に、他の子は自学自習をします。

個別指導

自学自習

この二つが寺子屋の学習システムでした。

また、寺子屋は今でいうオープンスクールでした。相手の意見を批判せず自由な発想を歓迎する話し合いのシステム（ブレーンストーミング）や、寺子どうしで役割を決めて簡単な劇をするロールプレイなどもやっていたようです。

3　学級崩壊？　自由奔放な寺子屋の風景

渡辺崋山筆「一掃百態図」（田原市博物館蔵）

上の絵は当時の寺子屋の絵です。現在の学校教育のように、すべての机が教師のほうを向いてはいません。いろんな方向を向いています。師匠に背を向けて座っている子もいます。

また、勉強している子もいれば、伸びをしている子もいます。今の学校のように全員が同じ学習をしたのではありません。習字をしている子もいれば、音読している子もいます。自学自習の様子です。右後ろでは、けんかをしている子もいます。寺子屋の様子を描いた絵はたくさん残っています。中にはけんかをしている子や墨で顔に落書きしている子がいます。

二段に重ねた天神机の上で正座している子もいます。この子は左手に線香、右手に桶を持っています。何をしているのでしょう。

実は罰を受けているのです。線香は時間を計るために使われました。燃え尽きるまでは二〇～三〇分くらいでしょうか。桶には水が入っています。水がこぼれるので座っていなければなりませんでした。

この水は線香を消すのに使われました。

罰には「叱責」や「説諭」以外に、居残り勉強の「留置」や師匠のそばで正座をする「謹慎」というものがありました。

いたずらがもっとひどくなると、昼ご飯を食べさせない「食止《じきどめ》」や竹竿で手足を打つ「鞭撻《べんたつ》」というものがありました。「鞭撻」といっても本気で打つことはありませんでした。このように体罰はありましたが、師匠が直接寺子を殴ることはなかったようです。

一番厳しい罰は「破門」ですが、これとて、破門に至るまでは、師匠は寺子とじっくり話し合って、問題を解決したようです。

また、いたずらをした寺子が厳しく叱られているときに、その子に代わってあやまってくれる「あやまり役」もいました。「あやまり役」には地域の老人や師匠の妻がなりました。もちろん、その後、親が寺子屋を訪れ、師匠に詫びを入れたようです。親は師匠が我が子を叱ってくれることに感謝しました。親は厳しく教育をする師匠を歓迎したのです。

子どもたちはときにはこうした罰を受けましたが、江戸時代の寺子屋は私たちが思っている以上に自由奔放だったようです。

4　育児書に見る江戸時代の子育て

江戸時代の子育て書・教育書として最も有名なのは、儒学者・貝原益軒の『和《わ》俗童子《ぞくどうし》訓《くん》』です。いくつか見てみましょう。

衣服をあつくし、乳食にあかしむれば、必ず病多い。

現代語に訳すと、厚着させ、乳や食事を与えすぎると病気になりやすいという意味です（以下同様）。

小児の初生《しょしょう》には、父母のふるき衣を改めぬひて、きせしむべし。きぬの新しくして温なるは、熱を生じて病となる。

生まれた子どもには、父母の古い着物を縫い直して着せなさい。新しい着物は温かいので、熱を出して病気になります。

生まれた子どもの衣服については、日本初の子育て書『小児必用養育草《しょうにひつようそだてぐさ》』で香月牛山《かづきぎゅうざん》も「生まれた子が男なら父親の古着を作り直して着せるとよい。女の子なら母親の古着を作り直して着せるとよい」と同じことを書いています。

さらに、「新しい着物、綿などを用いてはいけない。厚着で熱くしすぎてもいけない。皮膚が鍛えられず、顔に瘡《かさ》ができたり、あるいは癇癪や脳膜炎などの病気になりやすい子どもになる」と書いています。

牛山は赤ちゃんへの接し方についても、大事なことを書いています。

「赤ちゃんは生まれて二か月もすると目が見えるようになり、よく笑うようになる。この時期には、周りにいる人がその都度、赤ちゃんに対して笑いながら話しかけることが大事だ。このように接すると赤ちゃんもよく笑い、その人の真似をして話すような仕草をするようになる。このような接し方をすれば、言葉を話し始めるのも早くなり、人見知りをせず、脳膜炎などの病気になることもない」

赤ちゃんに笑いながら話しかけることは、脳の発達にきわめて大事だといわれています。

古くからあるこのような子育ての知恵は、現代の子育て中の親たちには伝わっているでしょうか。生まれた我が子にどのように接していいかわからない親がたくさんいる現在、虐待に陥るケースもまた多いようです。

『和俗童子訓』を続けます。

天気よき時は、おりおり外にいだして風・日にあたらしむべし。かくのごとくすれば、はだえ堅く、血気つよく成て、封風寒に感ぜず。

天気の良いときはときどき外に出して、風や日に当てなさい。そうすれば皮膚は丈夫になり、血気に満ちて、風や寒さを感じない子になります。

このような子育ての助言などがたくさん載っています。要するに、子どもを過保護に育ててはいけないということです。

また、益軒は、親が子どもに対して厳しく接する必要性を挙げています。親が厳しいと子どもは親を恐れ、親の教えをよく聞く子になり、親孝行の道を外さない子どもになるからです。

ところが、『撫育草《そだてぐさ》』では、厳しく育てるのではなく、穏やかに育てるのがよいといっています。その理由は、親が厳しいと子どもは親を怖がって、よいことも悪いことも隠すようになるからです。要するに嘘をつく子になるというのです。

このように、いろんな考え方があったということから、江戸時代の親は熱心に子どもを育てたことがわかります。

5　できるかな？　挑戦！　寺子屋クイズ

最後にクイズを出します。あなたは何問できますか。

問一　江戸時代の終わり頃、江戸の人々の識字率は何パーセントぐらいだったでしょう。

当時、人口が一〇〇万人以上あった都市、ロンドンの識字率が二〇パーセントでした。パリは一〇パーセントもありませんでした。
江戸はどうでしょう。なんと五〇～七〇パーセントの識字率がありました。当時としては世界一の識字率でした。驚くべき数字です。
農民も読み書きができたようです。農業は天候に大きく左右されます。当時、年貢を納めるときに米の出来具合、不作にはその理由も本人が書かなければならなかったのです。代筆はできなかったのです。

問二　寺子屋の入門年齢は何歳だったのでしょう。

六歳が多かったようです。なかには一二歳で入学した子どももいました。
六歳という年齢は、食事、排泄などが一応自分でできる年頃です。「三つ心、六つ躾、九つ言葉、十二文、十五理で末決まる」という教えにあるように、家庭の躾が完成する年頃です。世界的にも入学年齢は五、六歳が多いようです。
在学期間も五、六年間が一番多かったようです。もちろん、それ以上通った人もいました。なかには一二年間も通った人もいました。

問三　入学金、授業料は必要だったでしょうか。

もちろん必要でした。入学金にあたるのは「束脩《そくしゅう》」と呼ばれていました。金銭での納入が多かったようですが、別に金銭でなくてもかまいません。菓子や日用品でもかまいませんでした。大根や魚でもかまいませんでした。まったく払えない場合でも、師匠の家の雨漏りの修繕や師匠の代わりに畑仕事をする人もいました。

授業料にあたるのは「謝儀《しゃぎ》」と呼ばれていました。今でいう「月謝」のことです。これも、金銭以外でも赤飯や餅、酒でもかまわなかったそうです。謝儀は一月七日、三月三日、五月五日、七月七日、九月九日の五節句の日やお盆や暮れなどに納めました。

また、子どものいない夫婦の中に、束脩を払う人もいました。子どもが悪くなっては江戸のためにはならないという考えで、寺子屋にお金を出したようです。子どもは世の中の宝、みんなで育てるという意識があったのです。

問四　試験はあったでしょうか。

清書《きよがき》浚《さらい》席書《せきがき》の三段階がありました。

清書は手本を見ながら書きました。浚は手本を見ないで書きました。点数もつけられました。師匠は寺子が書いた文字一つひとつに赤い縦線をつけました。この線が多いほど得点が高かったようです。

席書は今の学習発表会のようなものです。年に一、二回、半年や一年間の学習成果を発表するために行いました。別の部屋を借りて大々的にやった寺子屋もありました。寺子の書いた習字を天井からつり下げて、よく見えるようにしました。席書は親だけでなく近所の人や誰でも見学することができました。誰でも見学できるので、寺子屋の宣伝にもなりました。

問五　一日の授業時間は何時間ぐらいだったのでしょう。

だいたい六〜八時間も勉強していました。開始時間は決まっていませんでした。出席した寺子から墨をすり、習字の練習をしました。だいたい午前七時には始まっていたようです。

終了時間は午後二時半頃（八つ時）でした。終わったら家に帰って何か食べました。これが「おやつ」の始まりです。昼食は弁当か、家に食べに帰っていました。

問六　どんな教科書を使っていたのでしょう。

往来物《おうらいもの》と呼ばれる初等教科書を使っていました。往来物は平安時代から明治初期まで使われました。往来とはもともと往復一組の手紙のことでした。のちには単語や文を集めたものになり、内容によっていろいろなものがありました。たとえば次のものがありました。

古往来……古代・中世の往来物

教訓科……子どもへの戒め集
社会科……『慶安の御触書』などの法令
語彙科……手紙文に出てくる単語・短句・短文
消息往来……手紙の文例集
地理科……地名・名所
歴史科……「源平合戦」「島原の乱」「太平記」などの歴史上の人物・事件
産業科……農業往来、商売往来、番匠作事文章（工業往来）

他にも理数科、複数の往来物を一冊にまとめた合本科、女子用の往来物、軍記物の往来物などがあり、現存するものだけでも約七〇〇〇種類もあります。

問七　どんな人が寺子屋の師匠をしていたのでしょう。

テレビの時代劇では、師匠は浪人が多いようですが、実際は三分の一が一般庶民でした。他に武士、僧侶、神官、医者が教えていました。

しかし、四〇歳を超えないと師匠にはなれません。江戸の町人のほとんどが商人でした。商人は忙しいので家で教えられません。そこで、寺子屋に子どもを預けて親の代わりに教えてもらうという考えでした。したがって、師匠は親の代役といえます。四〇歳を超えた人格の立派な人でないと、人々は子どもを預けることに不安を覚えたのでしょう。もっとも優秀な子を助手にして、師匠のお手伝いをさせていました。

問八　放課後、子どもたちは何をしていたのでしょう。

家に帰るとすぐ銭湯に行って、顔や手についている墨を落としました。その後、男の子は外で遊び、女の子は習い事をしました。三味線・踊り・琴・和裁・礼儀作法・百人一首など、いろんな習い事がありました。

武家に奉公に行くため教養を身につける必要があったのです。

問九　江戸時代の終わり、寺子屋の数はいくつぐらいあったでしょう。

現在、全国の小学校の数は約二万三〇〇〇校。寺子屋はその二倍ほどで約五万もありました。

問一〇　なぜ日本だけこんなに教育が発達したのでしょう。

八代将軍・徳川吉宗は学問を奨励しました。そのため、江戸時代後半には日本全国にたくさんの寺子屋があったそうです。

また、江戸時代では読み書きができないと大変困りました。たとえば、江戸時代の農村では、年貢を誰からいくら取るかという管理のために、農民から書類を提出させていました。凶作で米があまり取れなかった場合、その理由を農民自身が文書で提出しなければなりませんでした。

庄屋や名主などの役職も必ず世襲とは限らなかったので、生活に余裕のある農民は読み書きができました。また、お触れも高札で掲示されたので読めないと困りました。

【参考にした本】

中江克己著『江戸の躾と子育て』祥伝社新書
渡辺信一郎著『江戸の寺子屋と子供たち』三樹書房
佐藤健一編『江戸の寺子屋入門』研成社
高橋敏著『江戸の教育力』ちくま新書
貝原益軒著『養生訓・和俗童子訓』岩波文庫
沖田行司著『日本人をつくった教育』大巧社
市川寛明・石山秀和著『図説　江戸の学び』河出書房新書
越川禮子著『江戸の繁盛しぐさ』日本経済新聞社

第二節　観光大国だった江戸時代の日本

【先生方へ】

江戸時代の旅や観光については、中学校社会科の歴史学習で取り上げられています。五街道や宿場の整備のところで活用できるでしょう。たとえば伊勢神宮につながる参宮街道では伊勢参りをする旅人のお腹を満たすため餅屋がたくさんあったなど、地域の文化とも結びついています。

江戸の観光文化については、「観光立国推進基本法」に基づき、総合的な学習の時間でも取り上げることができます。

1　『東海道中膝栗毛』は超ロングセラー

弥次さん喜多さんでお馴染みの十返舎一九作『東海道中膝栗毛』は、江戸時代後半の一八〇二年に発売された小説です。

『東海道中膝栗毛』は、弥次さんと喜多さんが失敗を繰り返しながら旅をするお話ですが、これが大ヒットして続編が出版され、完結するまで、なんと二一年かかりました。当初は、江戸から京都への旅で終わりでしたが、あまりにも人気があったので京都から大阪、四国の金比羅、中国地方の宮島、さらに引き返して木曾、善光寺から群馬の草津温泉、そして江戸と旅先を延ばしました。

『東海道中膝栗毛』の魅力は何だったのでしょう。もちろん、弥次さん喜多さんのキャラクターの魅力もありましたが、それだけではありませんでした。

『東海道中膝栗毛』は単なる道中記ではありません。宿場の様子や各地の名物、方言、旅先で出会う人のことが、絵や文字で詳しく書かれていました。なんと駕籠《かご》かきとの運賃の交渉術や、物乞いに恵んでやる銭の相場なども書かれていました。

読者は『東海道中膝栗毛』を読みながら、自分も旅をしている気分を味わうことができました。また、実際の旅人は、この書物を見て、旅の楽しみ方や気をつけなければいけないことを学んだことでしょう。『東海道中膝栗毛』の道中記には、宿場の名前、宿場への距離、馬や人足の運賃、街道筋にある山川の名前、名所旧跡の解説、名物、さらに脇道まで載っていました。いわゆる旅の指南書だったのです。

なぜ脇道まで書かれていたのか不思議ですが、大名行列があった時代です。大名に出くわすと道の端によって通り過ぎるのを待たなければなりません。急いでいる旅人にとって、これは大変困ります。そんなとき、脇道を知っていれば助かります。大変喜ばれたことでしょう。

当時、大名は本陣と呼ばれるその土地の名主の家に泊まりました。しかし、全員泊まれるわけではありませんでした。身分の低い武士は野宿をしました。

毎日の生活に使うものはすべて持ち運んだといいます。大名は戦のときと同じような出で立ちで、武士・足軽や人足《にんそく》たちをひきつれて江戸と国許を行き来したのです。

一般庶民は宿場にある旅籠《はたご》と呼ばれる旅屋に泊まりました。東海道は五十三次といいます。次は宿場のことで江戸、京都間は約四〇〇キロメートル。宿場と宿場の距離は、平均すると八キロメートルほどでした。もちろん、四キロメートルのところもあれば二〇キロメートルのところもありました。でも、意外と宿場と宿場の距離は短かったのです。

当時は歩く旅でした。人々はどれくらいの速さで歩いたのでしょう。成人男性で一〇里（約四〇キロメートル)、女性や老人で七里(約二八キロメートル)でした。とても早足だったようです。この速さなら、次の宿場まで明るいうちに着くことができたことでしょう。

江戸―京都間は、一二泊一三日で歩きました。もちろん、雨が降ると橋のかかっていない川は川止めで旅を続けることができない日もありました。また、病気になるともっと日数がかかったはずです。そういうことがなければ、当時のお金一両でおつりが出たといいます。物価の変動にもよりますが、当時の一両は現在の約一〇万円ぐらいでした。

2 伊勢神宮の宣伝マン〝御師《おし》〟

三重県伊勢市にある伊勢神宮は、平安時代、都に住む貴族のための祈祷《きとう》を行っていました。そのため、貴族から広大な土地が寄進されました。伊勢神宮に寄進された土地は神領と呼ばれ、たくさんの年貢が集まりました。

伊勢神宮は「私幣禁断」です。金品を捧げて自分のために祈ることは禁止されています。ですから、伊勢神宮には本来賽銭箱はありません。今日では白い敷布が置かれていますが、あれは賽銭箱ではありません。賽銭箱がないのに人々がお金を捧げるので、せっかくの好意を地面で受けるのは失礼にあたるとして、仕方なく白い敷布を敷いているのです。

ところが、平安時代後期、この私幣禁断が崩れるようになりました。年貢が届かなくなってきたのです。戦国時代になるとひどい状態になります。

戦国時代は日本全国の大名が争い、国が乱れた時代です。貴族の力も衰えていました。このような時代だったので神領も荒らされ、年貢も届かなくなりました。このままでは伊勢神宮はつぶれてしまいます。なんとかしなければなりません。皆さんが伊勢神宮の経営者だったらどうしますか。傾きかけた台所を建て直すための策を考えてみてください。

　伊勢神宮の再建策は、現在の企業の立て直しにも使える方法でした。御師《おし》（御祈祷師）と呼ばれた準神官が、全国津々浦々まで出向いて、伊勢神宮のありがたさを説いていきました。

　御師は明治四年七月に廃止されますが、伊勢神宮を救った大功労者といえます。御師たちは信者に代わって伊勢神宮で祈祷した印として「御祓札《おはらいふだ》」を渡しました。信者は祈祷代として初穂（お金）を渡しましたが、このとき、御師たちはお土産として伊勢暦を渡しました。伊勢暦は農事暦でした。種をまく時期、八十八夜、二百十日、台風災害の注意、刈り入れ時期などが書かれていました。

　この暦のおかげで、野事の時期を間違えずにすみました。伊勢暦は江戸幕府の許可を得て全国に配られました。なぜなら、徳川家も伊勢神宮を崇拝していたからです。北は北海道から南は九州鹿児島まで御師たちが配っていったのです。

　御師たちは全国各地に出向いて、伊勢神宮への参拝を勧めました。このとき、彼らは次のようなサービスをすると約束しました。

1　外宮だけでなく、一般庶民では参拝できない内宮の参拝もできるようにします。
2　神楽を使った奉納をしてあげます。
3　家内安全・豊作祈願の祈祷もしてあげます。
4　宿泊所は心配入りません。御師宅に泊まってください。

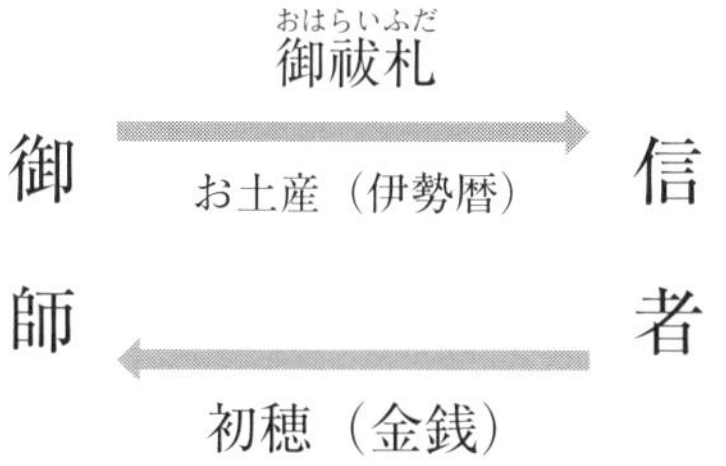

伊勢神宮の再建策

5　名所も案内します。

このような宣伝に、信者たちはいつしか伊勢神宮を参拝したいと思うようになりました。ところが、先立つものがありません。旅費や奉納金です。一般庶民はこの旅費や奉納金をどのようにして工面したと思いますか。

会員どうしが毎月一定の金額を積み立て、そのお金で代表者数人が伊勢参拝に行きました。これを「講」といいます。または講田を作り、講田からの収入を旅費にあてたりしました。これなら、何年後になるかわかりませんが、確実に伊勢に行くことができます。伊勢神宮に参拝するための講ですから「伊勢講」といいました。

実際に伊勢に参拝した人々は、羽二重の絹蒲団の寝床、酒や海や山の幸、名所旧跡の案内などの厚遇を受けたようです。

伊勢の玄関口、宮川の渡し場では、次のようなサービスを行っていました。

1　渡し船は無料

2　三六五日無休

3　二四時間営業

江戸時代にこのようなサービスがあったとは驚きです。現在のコンビニエンスストアやファミリーレストランも顔負けのサービスをしていたのです。

全国から人々が集まると言葉の問題があります。日本は南北に細長い国です。北と南ではまったく通じない方言を使っていました。この言葉の問題をどのように解決したのでしょう。

実はこれも御師たちの力で克服しました。御師の家には通訳をする人たちがいました。全国に御札を配っていた人々です。彼らは小さい頃から地方別に割り当てられ、方言の学習をしていました。要するに伊勢神宮は現在の企業のような営業を成功させるシステムをもち、大きくなっていったのです。

関東からの参拝客は伊勢神宮参拝の後、奈良・京都・大阪の見物だけでなく、四国の金比羅や安芸の宮島まで足を延ばしたようです。なんと七〇日から八〇日の旅行を楽しんだ人もいました。

伊勢に行かない者は人間ではない、人間かどうかは伊勢に行くか行かないかで判断されたともいわれています。江戸時代、それほど多くの人々が伊勢に出かけたのです。その火付け役が御師だったのです。

3　なぜ？　ひしゃくを持った旅人のわけ

次の絵は伊勢参りをしている人々を描いた絵です。かさをかぶったり、荷物を持ったり、旅姿の人々に混じって、ひしゃくを持っている人が見えます。

この人たちはなぜ、ひしゃくを持っているのでしょうか。

この人たちは「抜《ぬ》け参《まい》り」と呼ばれる人たちです。当時の旅には通行手形が必要でした。関所で通行手形を見せる必要がありました。ところが、手形もない、旅金もない人々がいました。女や子どもたちです。仕事中に抜け出た子どもや、家を無断で飛び出した女の人たちです。ひしゃくは抜け参りの印です。

旅の用意をしていなくても、このひしゃくを持っていれば必要なものは施されました。食べ物、宿泊、わらじ、手ぬぐい、ござ、銭などが施行されました。

江戸後期、当時の日本の人口は三五〇〇万人ぐらいでした。なんとその八、九割が伊勢神宮の信者

「文政度御蔭群参絵巻」（神宮徴古館蔵）

だったのです。旅人が困っていたら助けてくれました。また、江戸幕府も、旅人が安全に旅行ができるようにお触れを出していました。当時の日本は世界で一番安全な国だったのです。

金持ちは金持ちで、旅先で「撒《ま》き銭《せん》」といって、困っている人にお金を恵んでくれました。「可愛い子には旅をさせよ」という諺があるように、進んで我が子に抜け参りの体験をさせる親もいました。

一二、一三歳になると、わずかなお金を持たせ、伊勢からは無一文で旅をさせました。抜け参りは大人になるための通過儀礼だったのです。自分一人では生きられないということを学ぶ絶好の機会だったのです。しかし、これはまた伊勢神宮だからできたのです。

江戸時代を通じて、たくさんの人々が集団で伊勢にお参りをするという「御蔭参《おかげまい》り」がありました。施行してくれる人のおかげで伊勢に参ることができるというので、「御蔭参り」といわれています。

大きな御蔭参りは六〇年周期でやってきました。時代が下るにつれてその規模は大きくなっていきました。江戸時代には次の四大御蔭参りがありました。

1　一六五〇（慶安三）年、正月の下旬。江戸の商人たちから始まりました。最初は一日に五〇〇〜六〇〇人が参加していましたが、その後一日に二〇〇〇人も集まるようになりました。

2　一七〇五（宝永二）年、京都の宇治から始まりました。西は安芸、阿波、東は江戸まで及びました。参加者は一日二〇〇〇〜三〇〇〇人。最高は一日に二三万人が伊勢神宮を訪れました。五〇日間で三六二万人が伊勢を訪れました。

3　一七七一（明和八）年、山城の女や子どもの抜け参りから始まりました。東北地方を除く全国に広がりました。四月〜八月の間に二〇七万人以上の人々が伊勢を訪れました。この年の御陰参りは江戸時代最大の参宮ブームとなりました。

4　一八三〇（文政一三）年、三月に四国の阿波の国から始まりました。九月までに四八六万人が参加しました。なんと日本の人口の六人に一人が伊勢を訪れたことになります。

人々はなぜこんなに伊勢を愛したのでしょう。

それは伊勢神宮の神が太陽神だったからです。すべての人間は太陽のおかげで生きています。人間だけではありません。植物も動物も太陽がなければ滅びてしまいます。私たちは食事をするとき、「いただきます」といいますが、それは太陽が与えてくれた生き物の命をいただくので、「いただきます」というのです。この言葉は生き物だけでなく太陽にもいっている言葉なのです。だから稲という言葉は命根《いのちね》から来たといわれているのです。

私たちは米の命を奪って生きている。だから、必要以上に食べない。食べても残さないという考え方が生まれました。

太陽は「お天道様」です。悪いことをしたら、「お天道様が見てるぞ」といって叱られました。子どもを躾けるときにもこの言葉は使われました。そのお天道様、太陽を祀っているのが伊勢神宮の内宮なのです。

4　吉宗が作った観光都市江戸

江戸開府から約一〇〇年後、江戸の町は人口一〇〇万人を超える大都市になっていました。都市化が進むにつれて、江戸の町には自然がなくなっていきました。人々は自然を求めて江戸郊外に足を運ぶようになりました。

八代将軍・徳川吉宗は江戸を桜や桃の名所にしようと、飛鳥山、隅田川の堤、品川の御殿場などに桜の植樹を行いました。飛鳥山には桜の苗木を一三〇〇本、楓と松をそれぞれ一〇〇本ずつ植えました。植樹した桜が花を咲かせると、江戸庶民が歓声をあげて花見を楽しみました。やがて、花見客相手の茶店もでき、繁盛するようになりました。

吉宗が飛鳥山に桜を植樹する前、人々は上野の寛永寺で花見をしていました。寛永寺は江戸幕府代々の将軍のお墓がある寺です。吉宗は、この寺で花見客が酔っ払い、度を越す酒乱ぶりをなんとかしなければならないと思っていました。吉宗は人々が寛永寺にやってきて騒ぐのは、花を愛でる場所が少ないからだと考えたのです。

そこで、吉宗は寛永寺の花見を禁止、代わりに飛鳥山での花見を奨励しました。人々は飛鳥山に繰り出し、楽しんだといいます。

隅田川にも桜や柳、桃の苗木が植えられました。そして、隅田川の桜から有名な「長命寺桜餅」が誕生しました。この餅は隅田川沿いにある長命寺の門番が考案しました。桜の葉を塩漬けにし、あんこ入りの餅を桜の葉で包み、売り出したのが始まりだといわれています。この餅は、当時、大ヒットし、年間約四〇万個売れたといいます。

吉宗はさらに、中野にある一六万坪の広大な土地に桃の木を植えました。この広大な土地には、五代将軍・徳川綱吉の時代、「生類憐みの令」政策のため、野良犬たちの犬小屋が建てられていました。野良犬が江戸市中をはびこり、庶民に危害を加えても、「生類憐みの令」のため、庶民は抵抗できませんでした。そこで、野良犬をこの広大な土地に収容して混乱を防ごうとしたのです。収容された野良犬は、なんと八万匹を超えたといいます。

綱吉が亡くなった後、「生類憐みの令」は廃止され、犬小屋も取り潰されることとなりました。ところが、人々はこの土地を避けていたので、ずっと荒地になっていました。ここに吉宗は桃の苗木を植えたのです。桃の花が咲けば花見客が集まり、客商売の茶店もでき、繁盛するだろうと考えたのです。実際に花見客が押し寄せ、茶店も一一か所作られたそうです。人が集まれば、そこに店ができ、商売が繁盛し、大きな経済効果をもたらすのは、今も昔も変わりありません。

最後に隅田川の花見のことを紹介します。

一七三二（享保一七）年に享保の大飢饉が起こりました。西日本一帯でいなごが大量発生し、田畑は壊滅的な状態になり、たくさんの餓死者が出ました。また、江戸でも疫病がはやり、多くの人が死にました。

日本全体が危機的な状況のなか、将軍吉宗は死者の霊を弔うためと疫病絶滅を祈願して、隅田川で水神祭を行いました。

翌年の五月二八日には隅田川で川施餓鬼が行われました。川施餓鬼とは水死した人の霊を弔うための供養です。屋形船や屋根船がたくさん出て、人々は川岸や船の上で霊を弔いました。

この川開きには花火船も出ていたので、商人たちは花火船を呼び寄せ花火を上げさせました。これが隅田川の花火の始まりです。

隅田川の川開きは五月二八日から八月二八日の三か月間もありました。この期間、人々は隅田川に納涼のための船を出して、花火を打ち上げ、夏の夜を楽しみました。

その後、花火の趣向も盛んになり、特に文化文政期には、菊や柳、流星という名の仕掛け花火が両国橋の上で打ち上げられ、夏の夜空を彩りました。

隅田川での花火の打ち上げのとき、人々は大声で「鍵屋ぁー」「玉屋ぁー」というかけ声をかけます。この鍵屋、玉屋とは何でしょう。これは当時活躍した花火師の屋号です。花火は火事の原因になるので、ふだんは花火をすることは禁止されていました。この隅田川の川開きのときだけ許されていたのです。そこで、豪商たちは花火船の鍵屋に花火を打ち上げさせました。玉屋は鍵屋から暖簾分けをした玉屋市兵衛のことです。やがて隅田川の上流は玉屋が担当し、下流を鍵屋が担当して、二大花火の競演で江戸の夜は賑わったそうです。

ところが、一八四三年、玉屋からの出火で江戸の町は大火事となり、玉屋は江戸を追放されてしまいました。

【参考にした本】

金森敦子著『伊勢詣と江戸の旅』文春新書
安藤優一郎著『観光都市江戸の誕生』新潮新書
中江克己著『お江戸の意外な生活事情』ＰＨＰ文庫
武光誠著『日本人なら知っておきたい神道』河出夢新書

第三節　今も続く世界最高のマナー、江戸しぐさ

【先生方へ】

マナーの基本である「江戸しぐさ」は道徳の授業、社会科の歴史学習で活用可能です。中学校の社会科では、江戸時代のコミュニケーション能力を培った江戸しぐさと現代のコミュニケーションを比較して学習するとよいでしょう、

教室で「江戸しぐさ」を取り上げ、ぜひ子どもたちに実演させてください。そして、現在の「江戸しぐさ」をクラスみんなで見つけてください。学習したことを学校だけでなく家庭や地域で使えるようにしていただけたらと思います。

1　一〇〇万人都市にたった一二〇人の警察官

私は大阪生まれですが、月に何回か東京に出かけます。東京に出かけて感心することがあります。それは町を行く人々のマナーの良さです。

朝の通勤ラッシュ時でも真っすぐ一列に並んで歩いています。エスカレーターでは、急ぐ人のために右側を空けているだけでなく、エスカレーターに乗る前から真っすぐの列が続いています。横から入ろうとする人はいません。

混雑している電車の中で、大きな声で話をしている人もいません。人に迷惑をかけない暗黙のルールが大都市東京にはあります。これは江戸時代から続いてきた人を思いやるマナー「江戸しぐさ」の影響が大きいのではないでしょうか。

江戸は、江戸時代になって整備された新しい町でした。徳川家康が豊臣秀吉の命を受けて、駿府から移り住んで新しくつくった町でした。家康が移ってきた頃の江戸は湿地帯で、人が住める土地ではなかったようです。山を削り取り、海を埋め立て、氾濫を防ぐため、川の付け替えを行いました。そして、ようやく人が住めるようになったのです。

江戸には各藩の大名や武士だけでなく、「江戸に行けばなんとかなる」と思って地方からやってきた人々もいました。たくさんの人が江戸に住んでいました。江戸時代中期にはすでに人口が一一〇万人という世界一の大都市でした。その内訳は武士が約五〇万人、町人も約五〇万人、寺社関係が約一〇万人でした。

ところが、五〇万人の武士は約七〇パーセントの土地に住んでいました。同じ人口の町人が住んでいたのはわずか一六パーセントという狭い土地でした。

現在の東京の人口は約一二〇〇万人。一平方キロメートルあたりの人口密度は五七〇〇人です。江戸の町の人口密度は何人ぐらいだったでしょう。現在の東京より多かったのでしょうか、少なかったのでしょうか。

町人の住む町屋の人口密度はなんと六万人でした。一六パーセントという狭い土地に、現在の東京の人口密度の一〇倍もの人が住んでいたのです。

五〇万人の町人の七〇パーセントは長屋住まいでした。長屋には表長屋と裏長屋がありました。表長屋は表通りに面した長屋で大店より規模は小さいですが、二階建ての商家が数軒続いていました。裏長屋には貧しい町人たちが暮していました。九尺二間（三坪＝約一〇平方メートル）の家の中に六畳一間のワンルームしかありませんでした。家具などを置くと居間は四畳半ほどでした。この狭い部屋に家族が一緒に暮らしていたのです。

町人たちが住んでいた町屋はどんな風景だったでしょう。想像しただけでも人と人とがぶつかり合い、トラブルがあったように思います。ところがトラブルを防ぐためのルールがありました。

現在の東京の警察官は約四二〇〇〇人です。では、当時の警察官にあたる同心《どうしん》は何人ぐらいだったでしょう。わずか一二〇人だったのです。同心を指揮する与力《よりき》を合わせても一五〇人ほどしかいませんでした。しかも、北と南にある二つの奉行所は、一か月交代で仕事を休んでいました。ですから、実際には七〇人ほどしか活動していませんでした。

こんなに少ない人数で一〇〇万人を超える江戸の治安を守ることができたのです。人々は相手のことを思いやり、トラブルにならないように過ごしました。それが「江戸しぐさ」だったのです。

2　路上でのトラブルを防いだ「往来しぐさ」

江戸の人々は、道はすべて江戸城につながる廊下であるという考えをもっていました。ですから、道にごみを捨てたり、唾を吐いたりしませんでした。江戸城につながる廊下なのですから、往来でトラブルが起きないように気を遣いました。それが「往来しぐさ」と呼ばれるものです。

たくさんの人が行き交う江戸の町。渋滞が起こらないように、また、人とぶつからないように歩きました。

足の速い人のことを「韋駄天《いだてん》」といいます。「韋駄天」とは足の速い神様の呼び名です。その昔、寺の仏舎利（釈迦の遺骨）を盗んで逃げた鬼を追いかけて仏舎利を取り戻したことからきています。

「韋駄天しぐさ」は禁止されていました。たくさんの人々が歩いている道を走れば事故を起こしてしまいます。江戸時代、走るという行為は火消しや飛脚などの特別な仕事をした人だけしかしませんでした。普通の人は走ったことがありませんでした。ですから、着物を着て、草履や下駄を履いて歩いても不便ではなかったのです。

火事が起きたとき、火消しが走ったり、けが人が出て戸板で運んだりするときのために、道の真ん中七分は空けて、人々は端の三分を歩きました。これを「七三の道」または「七三歩きのしぐさ」と呼んでいました。

田舎から出てきた人が真ん中を歩いていると、江戸っ子ではないとすぐわかりました。大きな声で注意されることもしばしばあったようです。

裏通りや路地で人とすれ違うときには、お互いが右肩を引いて体を斜めにして通りました。これを「肩ひき」といいました。当時は左側通行だったので、お互いが右肩を引けば自然と体が当たらなかったのです。歩行者が右側を歩くように決められたのは、一九四九（昭和二四）年ＧＨＱ（連合国軍総司令部）の指導により道路交通取締法が改正されてからです。

一人しか通れない狭い道では、カニのように横歩きをして通り過ぎました。これを「蟹歩き」といいます。

雨や雪の日は、傘を差した人どうしがすれ違います。今ならどうするでしょう。私が講師を務める文化講座の受講生に聞くと、傘を高くあげる、傘をたたむ、傘をすぼめるという答えが返ってきました。

江戸時代には「傘かしげ」というしぐさがありました。江戸の路地は道幅が約二メートルほどでした。普通の歩き方では傘と傘がぶつかり、傘が破れてしまいます。当時の傘は竹の骨組みに油紙を張ったものですから破れやすかったのです。また、雨や雪で体も濡れてしまいます。人々は傘を左に少し傾け、相手に傘が当たらないようにしました。もちろん、もっと狭い道では傘をすぼめて歩いたことでしょう。

人ごみでは他人の足を踏んでしまうときがあります。このとき、踏んだほうが謝るのはもちろんですが、踏まれたほうも謝りました。「うかっとしていて足を引くのを忘れました」といって謝りました。これが「うかつ謝り」です。

混雑時、体が当たるのはお互い様です。「うかつ謝り」にはお互い様の精神が宿っています。今日は私が踏まれましたが、明日は私が踏むかもしれません。ですから、お互い謝って、後腐れのないようにしましょうという考えだったのです。これは共生の考えです。同じ町で生活する者どうし助け合いましょうという考えです。この考えは知人だけでなく、まったく知らない他人にも当てはまりました。

同じように「会釈のまなざし」も共生の考えから生まれた江戸しぐさです。知らない人と出会ったときでもさりげなく目で挨拶をしました。そうすることによって心が自然と和やかになり、争いごとも起きにくかったのです。

3　約束は必ず守る「指きりげんまん」の教え

江戸しぐさは、もともと、商人が商売繁盛のために人とうまくやっていく心得を示したものでした。それが一般の人々に広まっていったのです。相手を気づかうこと、自分の立場をわきまえることは、すぐできることではありません。子どもは幼い頃から大人のしぐさを見様見真似で覚え、何度も繰り返し体で覚えるまで教え込まされました。だいたい六歳までに身につけなければなりませんでした。

人との約束や時間を守ることの大切さは「時泥棒」「指きりげんまん」という言葉で教えられました。

江戸の人々は日の出とともに起床し、朝食をとった後、すぐ働き出しました。夕方になれば仕事を終え、銭湯に入り、夕食を食べて八時、九時には寝るといった生活を続けていました。

江戸時代は一日を一二に分けていました。日の出から日の入りを六等分した長さを「昼の一時《いっとき》」。日の入りから日の出を六等分した長さを「夜の一時《いっとき》」といいました。夏は昼の一時のほうが夜の一時より長く、冬は反対に夜の一時のほうが昼より長かったのです。学校の歴史学習で一時は約二時間と習った人もいると思いますが、これは春分の日、秋分の日の一時の長さでした。このように季節によって時間の長さが違ったため、人々はとても時間を大切にしました。

また、一日の生活のスケジュールも決まっていました。ですから、突然訪問されて貴重な時間を奪われることを「時泥棒」といって大変嫌いました。人の時間を奪うことは十両に値する罪といわれていたのです。訪問するときは前もって手紙を出して許可をもらわなければなりませんでした。これは訪問時のマナーで「訪問しぐさ」と呼ばれていました。

江戸時代の約束は、たとえ口約束であっても、絶対に守らなければなりませんでした。特に商人どうしの約束は厳しく、破ると商人としての信用がなくなり、相手にされなくなりました。この約束事の大切さは「指きりげんまん　嘘ついたら針千本飲ます　指きった」というわらべ歌になって残っています。「指きり」とは指を切ることです。江戸時代の遊郭の遊女が自分の惚れた男に対して、絶対の誓いである証拠に左手の小指を切って相手に渡しました。自分の誠意をこのように命がけで示したのです。

やがて、この風習が一般庶民にも伝わり、子どもたちも約束事の印として守っていきました。わらべ歌に残すことで多くの人々に伝わっていったのです。

「げんまん」はげんこつ一万回のことです。約束を破ったらげんこつで一万回たたかれても文句をいいませんという意味です。また、「針千本飲ます」は、約束を破ったら針を千本飲まされても仕方がないという意味です。
この歌には続きがあります。最後は「死んだらごめん」で終わります。約束はしたが死んでしまったら約束を守れないのでごめんなさいという意味です。江戸時代の約束は、たとえ口約束でも絶対に守らなければならないことだったのです。

【参考にした本】
越川禮子著『暮らしとしきたりが見えてくる江戸しぐさ』青春出版社
越川禮子著『江戸の繁盛しぐさ』日本経済新聞社
中江克己著『お江戸の意外な生活事情』ＰＨＰ文庫
松本健一著『国を興すは教育にあり』麗澤大学出版

第四章

日本文化の大転換、明治の政策

第一節　旧暦と新暦の不思議

【先生方へ】

現代の暦と旧暦とのずれについて、子どもたちもなにか不思議を感じていることでしょう。たとえば立春。厳寒の二月に立春というのは季節に合いません。この節は身近にある季節感のずれ、矛盾を取り上げています。また、古代のローマの暦の変化に子どもたちは驚くことでしょう。中学の社会科では、明治の政策として学習することができます。

国語科の四季の言葉や、家庭科、理科で活用可能です。

1　カレンダーと季節が合わないのはなぜ？

「今日は節分だから、明日からは春だなぁ」

「えっ、明日から春なの？　どうして？　お父さん、だってこんなに寒いのに」

「暦を見てみろ、立春って書いてあるだろう？」

「書いてるけど、なんか変だなぁ」

ある親子の会話です。

この例のように、日本のカレンダーには不可解なことがたくさんあります。

たとえば、四季の月が違います。皆さんは春を三月・四月・五月と思っていませんか。ところが、暦の上では春は二月・三月・四月です。暦では季節がひと月先に来ます。

他にもあります。六月を水無月《みなつき》といいますが、六月は梅雨の時期で一番雨が多いのに、水がない「水無月」ということに違和感を感じたことがあるでしょう。このような例はいくらでもあります。

・三月三日の桃の節句には、まだ桃の花は咲いていない。桃の花は四月に咲くのに、なぜ桃の節句なの?

・八月の「葉月」という意味は、葉が青々とするという意味だと思っていたら、葉が紅葉するという意味だと知り驚いた。

・九月九日は「重陽の節句」という。平安時代には「観菊の宴」といわれ、盃に菊の花びらを浮かべ酒を酌み交わして長寿を祝ったといわれる。しかし九月にはまだ菊の花は咲いていない。

皆さんは子どもたちにどう説明しますか。私自身も小さい頃から疑問に思っていました。小学校の教師をしていた頃、子どもに聞かれてもうまく答えられませんでした。

私は今大学で文化について学生に教えていますが、このような疑問に答えられる学生はいません。また、一般の人に日本の伝統文化についてお話をすることがありますが、やはり答えられる人は少ないのです。

毎年、同じような疑問を抱きながら、そのまま素通りしていたのですが、仕事上、日本の伝統文化を大学生や一般の人に話すようになって、私なりに調べてみました。そして、意外な事実を発見しました。

現在、私たちが使っている暦は太陽暦(グレゴリオ暦)といいます。地球が太陽の周りを公転する日をもとに季節を決めました。日本では、一八七二(明治五年)から使い始めました。それまでは、中国から伝わった太陰太陽暦を使っていました。太陰太陽暦は旧暦とも呼ばれています。新暦の太陽暦に対して旧暦と呼んだのです。太陰太陽暦は月の満ち欠けをもとにひと月を決める太陰暦に、一年の季節の変化など太陽暦の要素を取り入れて作られた暦です。一年は三五四日でした。季節の推移と暦がずれてしまうため、二年か三年に一度、閏月として一三月を作って調整しました。江戸時代までは太陰太陽暦を使っていました。

明治なって外国との貿易が盛んになりました。その折り、外国との暦の違いで月日や休日の違いがあり、交渉がうまくいかないことがありました。当時は文明開化の時代です。外国のものなら何でも取り入れる時代でした。太陽暦もそのような時代の流れの中で導入されるようになりました。

その当時、一般庶民は太陰太陽暦に慣れていたので、太陽暦に変える必要性を感じていませんでした。それなのに、明治五年に突然太陽暦に変わったのです。今の私たちでさえ、紹介したような違和感をもっているのですから、当時の一般庶民は太陽暦の下での生活に不便を感じたことは、容易に想像できます。

さて、太陽暦は太陰太陽暦より、一か月以上早いことはご存じですか。旧暦が書かれているカレンダーがあれば見てください。二〇一〇年のカレンダーを見ると、四月一日は旧暦ではなんと二月一七日です。四二日も早いのです。旧暦の立春二月四日は、現在の暦では三月一九日にあたります。三月一九日なら春といえますね。

太陽暦を採用することで一か月以上（年によって違う）暦がずれたのに、立春や立冬などは旧暦のままの日に当てはめたので、今まで紹介したような不都合が生じたのです。新暦の二月四日（立春）は、旧暦では一二月二一日なのですから、寒いのは当たり前です。

では、明治政府はどのようにして新暦を導入したのでしょう。

2 混乱の原因は強引な政策にあった！

旧暦の一月一日を新暦の一月一日としていれば、そんなに大きなずれはなかったと思いますが、明治政府はそうしませんでした。

明治五年の一二月三日を、明治六年一月一日として太政官布告を行ったのです。太政官布告には旧暦の不便さ、新暦のすばらしさが書かれていました。当時の太政官布告を紹介します。

公布：明治五年十一月九日太政官布告第三三七号

朕惟フニ我邦通行ノ暦タル太陰ノ朔望ヲ以テ月ヲ立テ太陽ノ躔度ニ合ス故ニ二三年間必ス閏月ヲ置カサルヲ得ス置閏ノ前後時ニ季候ノ早晩アリ終ニ推歩ノ差ヲ生スルニ至ル殊ニ中下段ニ掲ル所ノ如キハ率子妄誕無稽ニ属シ人知ノ開達ヲ妨ルモノ少シトセス蓋シ太陽暦ハ太陽ノ躔度ニ従テ月ヲ立ツ日子多少ノ異アリト雖モ季候早晩ノ変ナク四歳毎ニ一日ノ閏ヲ置キ七千年ノ後僅ニ一日ノ差ヲ生スルニ過キス之ヲ太陰暦ニ比スレハ最モ精密ニシテ其便不便モ固リ論ヲ俟タサルナリ依テ自今旧暦ヲ廃シ太陽暦ヲ用ヒ天下永世之ヲ遵行セシメン百官有司其レ斯旨ヲ体セヨ

明治五年壬申十一月九日

一　今般太陰暦ヲ廃シ太陽暦御頒行相成候ニ付来ル十二月三日ヲ以テ明治六年一月一日ト被定候事

但新暦鏤板出来次第頒布候事

一　一箇年三百六十五日、十二箇月ニ分チ四年毎ニ一日ノ閏ヲ置候事

一　時刻ノ儀是迄昼夜長短ニ随ヒ十二時ニ相分チ候処今後改テ時辰儀時刻昼夜平分二十四時ニ定メ子刻ヨリ午刻迄ヲ十二時ニ分チ午前幾時ト称シ午刻ヨリ子刻迄ヲ十二時ニ分チ午後幾時ト称候事

一　時鐘ノ儀来ル一月一日ヨリ右時刻ニ可改事

但是迄時辰儀時刻ヲ何字ト唱来候処以後何時ト可称事

一　諸祭典等旧暦月日ヲ新暦月日ニ相当シ施行可致事

簡単に訳すとこういうことです。

旧暦の太陰太陽暦では二、三年ごとに閏月ができてしまうので不便です。その点、太陽暦は閏月がないので季候のずれがありません。ですから太陽暦を使いましょうということなのですが、この後、五つの事柄が書かれています。

一　一二月三日を明治六年一月一日とする。

一　一年を三六五日とし、四年ごとに一日閏日を置く。

一　今まで一日を一二時に分けていたのを午前一二時、午後一二時の二四時に分けるように改める。

一　時刻を知らせる鐘は一月一日から始める。

一　祭典等は旧暦の月日を新暦の月日に当てはめて行ってもよい。

この布告が混乱の原因だったのです。

では、なぜ明治政府は新暦の採用を旧暦の一月一日にしなかったのでしょう。

この当時、明治政府は新政策実施や岩倉使節団訪欧米などで大変な財政難に陥っていました。財政難でありながら、翌年の明治六年は旧暦では年一三か月ありました。当時、役人の給料は年俸制から月給制に変更されていました。ということは、旧暦のままでは、明治六年は通常の一か月分多く給料を払わなければなりません。財政難の中でのこの支出は大変苦しいものでした。

そこで、急遽暦を変更し、しかも一二月三日を一月一日にしたのです。一月一日にすることによって一二月の給料も支払われなかったのです。すなわち二か月分の給料を踏み倒したのです。明治政府のこのようなやり方には多くの反対があったようですが、明治政府は反対を押し切って断行しました。十分練られた変更ではなく、急な変更だったので後々まで不都合が生じたのです。

3 こんなに寒いのに新春なんて

「謹んで新春のお慶びを申し上げます」

元日に着く年賀状にはこのような新年の挨拶が書かれています。しかし、元日はまだ寒さの厳しい頃です。真冬といってもいいでしょう。

これも旧暦の名残といえます。旧暦の一月一日は新暦でいうと二月四日頃です。立春の頃が旧暦の元日だったのです。二月の初め頃といえば、梅の花がほころび始め、春の気配を感じる頃です。旧暦の一月一日はまさに春の初め、初春、新春と呼ぶにふさわしい時期だったのです。

三月二〇日頃は「春分の日」です。春分の日は春のちょうど真ん中です。この春分の日と冬至のちょうど真ん中、もうこれ以上寒さが厳しくならない日、春の暖かさがほんのわずか感じられる日が立春なのです。もちろん、立春を過ぎても厳しい寒さの日がありますが、三寒四温といって、徐々に暖かい日が多くなっていくことはご存じですね。簡単にいえば、冬から春に一歩足を踏み入れた日が立春です。

立春の前の日は節分です。ですから節分の日は冬から春に変わる節目の日だといえます。節分の日には豆をまきますが、旧暦では大晦日にまいていました。一年の厄を払い新しい福を呼び込むために豆をまいていたのです。

大晦日の次の日が元日。一年の初め。そしてその日は立春。だから新春というわけです。旧暦で考えるとつじつまがあいますね。

旧暦では、この立春を基準にして日を数えます。「夏も近づく八十八夜」という「茶摘み」の歌がありますが、私は子どもの頃、不思議で仕方ありませんでした。八十八夜とは元日から数えるものだと私は思っていたのです。元日から数えると八十八夜は三月の終わり頃になります。

もちろん、立春から数えなければいけません。立春から数えると五月の初め頃になります。これなら納得です。二百十日も同じです。立春から数えると九月の始め、台風のシーズンに当たります。

でも、立春から数えるということを知らないと間違います。こういったことは学校では習いません。最近は家庭でも教えられていないようです。すると、一生本当の意味を知らずに過ごすことになります。何か変だなと思いながらずっと過ごすことになるのです。

「茶摘み」の歌が出たところで、もう一つ問題です。「夏も近づく八十八夜」と歌いますが、なぜ「夜」なのでしょう。字余りで日にできなかったのかもしれませんが、日数の数え方でいえば「八十八日」ではないでしょうか。

昔は一日の始まりは夕方からでした。ですから八十八夜と「夜」をつけたわけです。この考えでいくと正月の行事も大晦日の夕方から始まることになりますね。

現在、大晦日の夜に食べる年越しそばは、実はお正月の最初の食事だったのです。元旦に食べている雑煮は年神様に供えた食べ物のお下がりをいただいて、煮こんで神様と人とが一緒に食べる食事だったのです。

また、お正月にはいつも使っているお箸ではなく、祝い箸を使います。祝い箸は両端が細くなっています。これは片方は人が食べ、もう片方は神様が食べるように両端が細くなっているのです。これを「神人共食」といいます。

4　最初の暦には一月と二月はなかった!?

では、一二か月の日数を数えてみましょう。何か気がつきませんか。

一月	二月	三月	四月	五月	六月	七月	八月	九月	一〇月	一一月	一二月
31日	28日（閏29日）	31日	30日	31日	30日	31日	31日	30日	31日	30日	31日

みなさんはどんなことに気づきましたか。31日を○で囲んでみましょう。

一月	二月	三月	四月	五月	六月	七月	八月	九月	一〇月	一一月	一二月
(31日)	28日	(31日)	30日	(31日)	30日	(31日)	(31日)	30日	(31日)	30日	(31日)

三一日が一番多いですね。七月あります。でも、不思議に思いませんか。二月の二八日に一月と三月

の三一日の一日分を入れると、三〇日と三一日の二種類になって、うまくおさまります。一月の一日と三月の一日だけを二月に回しただけなので、季節のずれも少ないです。どうしてこうしなかったのでしょう。

この問題を理解するためには、暦の歴史を調べるとわかります。

現在、私たちが使っている太陽暦は、古代ローマで作られた暦をもとにしています。

暦は農事のために作られました。毎年繰り返される農事にとって、暦はなくてはならないものでした。種をまく時期や収穫の時期が毎年一定でないと、農作物はたくさんできません。ずれると農作物は実らなくなります。だから暦はどうしても必要だったのです。

暦の起源は自然暦です。

日本では、菜の花の咲く時期には、稲の苗を育てなければいけないので「苗代時《なわしろどき》」と名づけました。麦の穂があからむ頃は、田植えの時期ですから「田植時《たうえどき》」と呼んでいました。

アイヌの暦には、「鳥が出てくる月」とか「ハマナスを取る月」「木の葉の落ちる月」というのがあったそうです。

縄文時代には、冬至、春分の日、秋分の日の位置を示す柱があったそうです。遺跡が残っています。

毎月の初めを朔（ついたち、新月、月立ちの転、月が現れることから）、月の一五日を望（もち、満月）、月の最後の日を晦（つごもり、月隠りの転、月が隠れることから）と月の形によって三つに分けていました。一二月三一日を大晦日（おおみそか・おおつごもりのひ）というのは、太陰暦という自然暦の名残です。

さて、最初にできた暦は、今でいう三月から始まり一二月で終わっていました。一月と二月はなかったのです。なぜでしょう。これも農事で考えればわかります。一月、二月は農閑期で農作業はありません。だから一月二月を作らなかったのです。必要がなかったからです。

暦は農事から誕生したのですから、農事の始まりである春が一年の始まりです。これは日本でもヨーロッパでも同じでした。

しかし、暦の生活が長く続くと一月二月がないのは不便です。農閑期でもあと何日したら農作業を始めなければいけないのか、わからないと不安だからです。人間は不安になると正しい判断ができません。農作業まであとどれくらいか、人によっていろいろいうことが変わったことでしょう。何回も混乱をまねいたことでしょう。

やがて、紀元前八世紀に古代ローマの皇帝ヌマ・ポンピリウスによって一月と二月が一二月の後につけられました。このようにして一年が一二か月になりました。

その後、紀元前四六年、ローマの権力者ユリウス・カエサルが太陽暦を採用しました。それまでの暦は太陽と月の両方の動きをもとにしていたので、どうしても一年の季節の移りかわりと暦とにずれが生じました。

ユリウス・カエサルは太陽の動きに合わせて、一年を三六五日と定めました。そして、二で割り切れる偶数月を三〇日、二で割ると一余る奇数月を三一日にしました。しかし、これでは一年が三六六日になってしまいます。そこで、最後の月の二月から一日引きました。これで一年を三六五日としました。だから二月だけ二九日なのです。そして、四年に一回閏年として二月を三〇日にしました。

さらにユリウス・カエサルは一年の初めをそれまでの春から今の一月と決めました。その時に二月の日数は二九日のままにしました。これをユリウス暦といいます。

しかし、これでは二月は今の二八日ではなく二九日です。では、いつから二月は二八日になったのでしょう。

その後、初代ローマ皇帝になったアウグストゥスは、自分の生まれた月である八月が三〇日であることに不満をもちました。そして、八月を三一日にし、九月を三〇日にしました。その後の月は交互に一〇月は三一日、一一月は三〇日、一二月は三一日としました。

すると一年の日数がまた一日増えてしまいました。だから、また二月から一日減らしました。これで二月は二八日になり、閏年は二九日になりました。

その後、ユリウス暦をずっと使っていましたが、一六世紀後半になって、暦上の春分の日と実際の春分の日に一〇日もずれがあることに気づいたローマ教皇グレゴリウス一三世が、暦を変えることにしました。

キリストが死んだ三日後に復活したことを祝う復活祭の日が、実際の日とずれるからです。

新しい暦はグレゴリウス暦と呼ばれ、一年を三六五日とするが、四〇〇年間に九七回の閏年を置いて、その年は三六六日としました。

すでに紹介したように、日本では明治五年一二月三日を明治六年（一八七三年）一月一日とし、実施されました。

現在、私たちが使っている暦は、時々の当時の権力者によって大きな影響を受けたことがわかります。しかし、多くの場合、太陽の動きとのずれを何とかしようと多くの人々が工夫したことも事実でした。

5　お盆は七月？　八月？

お仏壇がない家では、お盆の行事を詳しく知らない人も多いと思います。知らないことで恥をかいた経験のある人もいるのではないでしょうか。

私たちは誰しも死を迎えます。日本では葬儀のほとんどが仏式で、家族の誰かが亡くなると家に仏壇が入り、墓をつくり、毎年夏になればお盆の行事をします。冠婚葬祭の中で一番多いのが葬の行事です。折を見て子どもたちに教えていきたいものです。

さて、お盆とは、ご先祖様の霊をお迎えし供養する行事です。この日は、あの世から、亡くなった人の魂がもどってくるといわれています。七月一五日を中心に行われていましたが、現在では七月一五日に行う地域と八月一五日に行う地域があります。東京、横浜、東北地方では七月一五日、全国的には八月一五日が多いようです。なぜでしょうか。これも旧暦と新暦の混乱が原因しています。

江戸時代までは、全国どの地域でもお盆は七月一五日でした。ところが、すでに紹介したように明治五年にグレゴリウス暦（新暦）を採用し、旧暦の一二月三日を一月一日にしました。これによってお盆の行事をどうするか、各地で話し合われました。その結果、次の三種類の方法が採用されました。

①　七月一五日のままにして、新暦の七月一五日に移行しました。新暦は旧暦より約ひと月早いので、七月一五日にすると江戸時代のお盆より約一か月早くなりました。東京、横浜、東北地方がこの日です。特に東京は天皇のお膝元なので、政府の決めたことには従うという意識が強かったようです。

②　関西地方では、もとのお盆の時期に合わせるために月日を一か月遅らせ八月一五日としました（これを「月遅れのお盆」といいます）。また、旧暦の月日に合わせて七月一五日にした地方もありまし

たが、ちょうど梅雨で雨が多いお盆となるため、一か月遅らせました。

③　新暦に変更しないで、今までどおり旧暦の七月一五日をお盆としました。南西諸島に多いようです。

新暦七月一五日頃はまだ農繁期で、当時日本の八割を占めていた農民にとっては忙しい時期にお盆を迎えることになります。また、明治の中頃に西欧の学校を真似て夏休みができました。その影響もあって、家族全員がそろう八月にお盆をする地域が多くなっていきました。

【参考にした本】

大谷光男著『旧暦で読み解く日本の習わし』青春出版社

飯倉晴武編著『日本人のしきたり』青春出版社

新谷尚紀監修『「お葬式」の日本史』青春出版社

第二節　歩き方と座り方にみる日本の人々

【先生方へ】

現在、私たちが歩いている歩き方は、古来からの日本人の歩き方とは違います。儀礼時の正座もそうです。明治政府の政策のもとで全国に広がりました。この節ではその謎を解き明かします。

日本人の歩き方については、中学校の保健体育科で武道について学ぶときに、座り方については中学校の家庭科で衣生活や住生活などの生活の工夫について学ぶ単元で活用可能です。衣服や住居の機能の変化により、座り方まで変化してきたことに驚くでしょう。

1　「走り方」を知らなかった日本人

一八七七（明治一〇）年、明治維新の功労者であった西郷隆盛率いる士族の反乱が起こります。西南戦争です。

結果は、明治政府が徴兵令で集めた町人や農民からなる政府軍が勝利します。その際の戦死者を見てみましょう。

明治政府軍	六四〇〇人（七万人中）	
士族軍	六八〇〇人（三万人中）	（ウィキペディアより）

士族軍のほうが少し多いですが、政府軍は七万人の戦力で、しかも近代兵器を備えていたのに、死者が六四〇〇〇人も出ています。政府軍の勢力は士族軍より四万人も多いのに、なぜこんなにたくさんの死者が出たのでしょう。

実は政府軍はうまく走ることができず、逃げ遅れて殺された兵士が多かったのです。

江戸時代までは、一般の人に走るという習慣がありませんでした。走るのは飛脚や忍者、武士などの特別な仕事をしていた人に限られていました。

明治政府は西南戦争での人的被害を重く受けとめ、学校教育に西洋の軍隊の歩き方を導入します。西南戦争以前の小学校での体操の時間は、一日わずか五分程度でした。それが、西南戦争以後、毎日三〇分の時間を取るようになりました。子どもの頃から西洋の歩き方を練習すれば、戦争の被害も少なくなるだろうと考えたのです。

次の絵のように、私たちは右足を前に出すときは左手を前に出し、左足を前に出すときは右手を前に出すという、手足の動きが互い違いになる歩き方をしています。

現代の人々の歩き方

この歩き方に慣れている私たちは、何の違和感ももたないで毎日を送っています。しかし、実はこの歩き方は明治以降、明治政府が西洋に追いつくために取り入れた西洋の「行進歩き」という歩き方なのです。

牧畜が農業の中心であった西洋では、この歩き方が家畜を追うために走り回ったりジャンプをしたりするのに

明暦の大火『むさしあぶみ』（東京都中央図書館特別文庫室所蔵）

必要な動きでした。そして、その動き方が軍隊でも使われました。

軍隊では集団が同じように移動する必要があります。歩く、走る、止まるなどが全員同時にできなければなりません。江戸時代まで走ることのなかった一般庶民に近代戦法を身につけさせるためには、西洋の行進歩きをマスターさせる必要があったのです。

2　右手右足を同時に前に？古来からの歩き方

では、江戸時代までの日本人はどのような歩き方をしていたのでしょう。

次の絵は一六五七（明暦三）年に起きた明暦の大火の絵です。本郷丸山町から出火し、江戸市中を焼き尽くし、死者一〇万人以上を出した大きな火事でした。

絵を見ると、火の中を逃げ惑う人々が描かれています。よく見てみましょう。逃げている姿

安藤広重絵「十人火消出馬之図」（提供：（財）消防科学総合センター）

がなにかおかしくありませんか。手を振らずにバンザイをしながら走っている人がいます。手を振ればもっと速く走れるのにと思いませんか。

当時の人々は日常的に走るという習慣がなかったのです。そのため、人々はどのようにして逃げればよいかわからなかったのです。

別の人を見てみましょう。バンザイをしていない人の走り方はどうでしょう？　今とは違うことに気づきませんか。橋の上を走っている男の人は右手右足が前、左手左足が後ろです。橋の向こうを走っている人は反対に、左手左足を前に出し、右手右足は後ろになっています。現在の私たちとはまったく違った走り方をしています。

もうひとつ別の絵を見てみましょう。江戸後期の浮世絵師・安藤広重が描いた「十人火消出馬之図」です。

火消したちが走って火事場に向かう絵です。走っている一番前の人を見ると、両手はだらんと下げています。今のように腕を曲げて振っていません。どうやら両手を前後に振るという走り方はしなかったようです。

これを「ナンバ歩き」「ナンバ走り」といいます。ナンバ歩きは、同側の手足を同時に前に出す歩き方です。すなわち、右手右足、左手左足を同時に前に出すのです。また、手を振らない歩き方もナンバ歩きに入ります。

同側の手足が同時に出るので、上体のねじれやうねりがなくなります。体をねじらず、重心を低くして、すり足で歩く歩き方です。上体をねじらないので、内臓や関節に負担がかからないため、長時間労働をすることができました。走るときも長い時間走ることができました。

仙台藩の記録によると、源兵衛という早道の達人が江戸から三〇〇キロメートル離れた仙台まで、走って約一〇時間で着いたといいます。なんと時速三〇キロメートルの速さです。

江戸初期の剣豪・宮本武蔵の『五輪書』にも、一日に四〇里から五〇里も走る者がいるとあります。一里は約四キロメートルですから、約二〇〇キロメートルを一日に走る者がいたというのです。

3　ナンバ歩きは疲れにくい！

家畜を追って生活する西洋人と違って、稲作中心の日本人は、同じ場所で上体をかがめる仕事がほとんどでした。

クワを持っての耕田、田植えや稲刈りは同じ格好で長時間労働を続けなければなりません。そのためには内臓や関節に負担をかけない、体をねじらない動き方がベストでした。

クワを持って田を耕せばわかりますが、クワを持つ手は右手が左手より前にあります。足は右足が前です。右手右足が左手左足より前なのです。そして、耕すにしろ田植えにしろ、前進するのではなく後退します。今でも後ろに歩くときは誰でもナンバ歩きになります。試しに後ろ向きに歩いてみましょう。どうですか？　同側の手足が同時に動きませんか。

剣道の竹刀を持つ形もまったく同じです。剣道だけではありません。相撲の押し出しもナンバになっています。ためしにクワや竹刀を持つ真似をしてみるとわかると思います。

農耕の仕事は、走る必要はありません。それより、手にものを持ってやる仕事が多くありました。ものを持ちながら歩くというスタイルが日本人の歩き方だったのです。

農耕民族である日本人の生活を見ると、住居は木やわら、紙でできた木造建築です。衣服は絹や木綿の着物です。着物は腰のところで帯を結んでいるだけです。体をねじる歩き方では着くずれしてうまく歩けません。体をねじらないナンバのような歩き方が着物にぴったり合った歩き方だったのです。

農耕から、日本独特のスポーツや文化が生まれました。稲を刈り取った田んぼの中で人々は相撲をとったことでしょう。狭い土俵は田んぼに似ています。

また、過酷な労働である田植えから、過酷さを少しでも和らげるために田楽が生まれました。笛や太鼓に合わせて歌を歌いながら田植えをすることで、過酷な労働は喜びと楽しみに変わっていったのです。田楽はやがて盆踊りや狂言、能、歌舞伎という日本の伝統芸能を誕生させました。農耕という過酷な労働の結果、体を守り長時間の労働に耐えうるナンバが生まれ、伝統的な芸能が誕生したのです。

ナンバは、漢字で「難場」と書きます。過酷な労働である稲作から生まれた言葉です。難儀な場所での動き方というような意味です。しかし、ナンバは私たちの生活にも時々現れます。たとえば、赤ちゃんのヨチヨチ歩きを観察してみましょう。ナンバ歩きになっています。また、通勤時などで急いでいるとき、階段を二段跳ばしで上ることがあります。そのときもナンバ歩きになっています。

さて、ナンバ歩きは内臓や関節に負担をかけない歩き方だと書きました。歩行道普及協会の大黒屋宏芳氏によると、脳にも大変よい歩き方だといいます。

人間の脳は左脳と右脳に分かれます。二つは脳梁《のうりょう》でつながって情報交換をしています。左脳は右半身と、右脳は左半身とつながっています。すなわち左手左足は右脳につながり、右手右足は左脳につながっています。ナンバ歩きでは、左脳と右脳に刺激を交互に与えて脳を活性化させるのです。脳が活性化すると内臓も活性化します。

ところが、行進歩きは違います。行進歩きは手と足がクロスした歩き方なので、脳にとっては左脳も右脳も、手と足にバラバラに指令を出さなければなりません。これは脳の思考を停止させる歩き方です。軍隊では命令に従順でなければなりません。脳が反射的に動くほうがいいのです。行進歩きは軍隊のような集団に向いた歩き方だといえます。

ナンバは疲れにくいので、長時間の動きに適しています。マラソン選手の高橋尚子さんの走り方を見ていると、ほとんど両手を動かしません。長時間過酷な運動を続けるマラソンのような持久走には、最適な走り方だといえます。

4　正座は「正しい座り方」じゃないの？

今度は座り方です。座り方には安座、楽座、割座などの楽な座り方があります。また、跪踞《ききょ》、蹲踞《そんきょ》や立て膝のようにすぐ立てる座り方もあります。

誰でも知っている座り方は胡坐《あぐら》と正座です。「あぐら」という言葉の「あ」は足の意味、「くら」は「座」、坐る場所「席」のことです。そこから派生して今の胡坐になりました。

さて、正座ですが、正しくは「正坐」と書きます。「座」と「坐」では意味が違います。「座」はすわるための場所のことであり、「坐」は「すわる」という意味です。戦後、漢字の使用制限があり、当用漢字が生まれました。当用漢字には「坐」という漢字がないので「正座」に統一されました。ここでは「正座」と書きます。

現在では、正座は儀礼の場や芸事をするときの座り方です。だから「正しい座り方」というのでしょうが、日本人はいつからこのような座り方をしていたのでしょう。大学生や一般の方に質問すると答えはさまざまです。

貴族が栄えた平安時代、武士の世が始まった鎌倉時代、そして、江戸時代とさまざまな答えが返ってきます。さあ、何時代だと思いますか。

インターネットで調べてみました。縄文時代の土偶に、座っているかたちのものがありました。正座ではなく、小学生が体育の時間に両膝をそろえて座る座り方でした。

平安時代の源氏物語絵巻物を見てみました。貴族の男性は今でいう胡坐です。女性はわかりません。貴族の女性は十二単を着ていたので、座り方が見えませんでした。

室町末期の「高雄観楓図屏風」には、紅葉を楽しんでいる女性が描かれていますが、立て膝で座っています。

今度は木像や仏像を調べました。平清盛や、豊臣秀吉の正室・北《きた》の政所《まんどころ》の木像が残っています。二つとも立て膝でした。仏像も調べました。奈良の大仏は胡坐です。大日如来も胡坐でした。

肖像画も調べました。鎌倉時代の初代将軍・源頼朝、織田信長、豊臣秀吉、徳川家康は胡坐です。どうやら当時の武将は胡坐だったようです。茶道の大家・千利休はどうでしょう。茶道なので正座のように思えますが、安土桃山時代の画家・長谷川等伯が描いた「利休居士像」を見ると、胡坐をかいています。

ここまで見てくると、日本人の古来からの座り方は現在の正座ではなく、胡坐や立て膝のようです。
これは少し考えるとわかります。日本人の住居は板間です。畳は奈良時代からありましたが、ふだんは使わず寝るときの寝具として使用していました。最初は稲のわらを束ねた上に寝ていたようですが、わらがあたって痛いので、わら束を袋状のゴザの中に入れて使うようになりました。これが畳の始まりです。

平安時代になると、身分の高い公家や僧侶が座るときに使われました。今のような分厚い畳ではなく、持ち運びできる薄いゴザのようなものでした。

細井平洲（東海市教育委員会社会教育課蔵）

床やゴザ状の畳の上で正座をするとすぐ足がしびれて立てなくなります。ですから、当時は正座ではなく、足がしびれない胡坐や立て膝だったようです。

移動する畳ではなく、今のように部屋全体を敷き詰めた固定畳が登場するのは、書院造が登場する室町時代からです。畳を敷き詰めた部屋は座敷といいますが、書院造が現在の和風住居のもとになりました。

しかし、一般庶民には畳は広がりませんでした。当時の一般庶民の住居の屋根はわら葺きでした。

わら葺きだと、雨漏りがして畳にカビが生え腐ります。ですから、畳ではなく、人々は板の間や土間にじかに座りました。板の間や土間は固いので正座では足がしびれます。だから、胡坐や立て膝だったのです。

正座が登場するのは、屋根が瓦になり、座布団が登場する時代を待たなければなりませんでした。

さて、話をもとに戻しましょう。江戸時代の肖像画も調べました。

「解体新書」を著した蘭学者・杉田玄白は立て膝です。

国学者で「古事記伝」を著した本居宣長は胡坐です。

江戸時代の座り方も胡坐や立膝だったのかと思っていたら、正座の肖像画を見つけました。米沢藩の財政危機を救った名君上杉鷹山の師匠である、儒学者の細井平州の肖像画です。この頃は正座とはいいませんでした。「端座《たんざ》」と呼ばれていたようです。

5 正座を広めたのは明治政府だった！

江戸時代、武士は主君に対して正座をして座りました。主君は正座ではありません。胡坐や立て膝でした。身分の低い者が身分の高い者に対する座り方が正座だったようです。

これには意味があります。当時、武士は家の中でも小刀を差していました。小刀を差しているので家来が主人を、身分の低い武士が身分の高い武士を斬りつける、刃傷沙汰が多かったようです。

江戸幕府はこの刃傷を防ぐために正座を励行しました。正座だと足がしびれて刃傷沙汰を防ぐことができると考えたのです。家来は主人の前では正座をする、身分の低い武士は身分の高い武士の前では正座するようにさせたのです。将軍と大名も同じです。大名が将軍に拝謁するときは、必ず正座をしなければなりませんでした。

正座だけではありません。「忠臣蔵」を見ると、松の廊下で赤穂藩主の浅野内匠頭長矩が儀礼の指導者である高家筆頭の吉良上野介義央を斬りつける場面があります。

そのときの浅野内匠頭の装束は長袴です。長袴ではうまく歩けません。速く歩けません。だから、浅野内匠頭は吉良上野介を殺害できなかったのです。普通の袴だったら、吉良上野介は殺されていたはずです。この長袴も、刃傷を防ぐために作られた衣装だったのです。

正座が一般庶民に広まるのは、明治時代に入ってからです。明治になり「文明開化」の世の中になりました。明治政府は日本人が早く西洋に追いつくために、西洋の文化や技術を学ぶことを奨励しました。西洋の国々に負けないために徴兵制をしいて軍事力を強化しました。

江戸時代までの日本人には、国家意識はありませんでした。江戸時代は幕藩体制の時代です。国というより藩が中心でした。一般の人々には日本国という意識は弱かったのです。

西洋に追いつくためには国家意識をもつ必要があります。日本人の意識を富国強兵に向けるためには、外国にはない日本人像を確立する必要がありました。このために使われたのが武士の思想や行動規範でした。

長　袴

武士の思想や行動規範を人々に広めるための方法として、正座が採用されました。明治政府は一八八〇（明治一三）年、小学校に小笠原流礼法を導入しました。室町時代に将軍家足利氏が採用していた武家殿中の儀式のいくつかを採用したのです。正座をすることを儀式の場での正式な座り方にしている国はありません。

四民平等の世の中になり、人々は武士の礼法を学べることを歓迎しました。明治政府は修身の教科書を通じて、日本全国に正座を広めていきました。

修身の教科書を見ると、座っている人は子どもも大人も正座をしています。一人で勉強している子どもも正座をしています。食事のときは家族全員が正座をしています。

歴史上の人物も正座をしています。戦国の武将・毛利元就が三人の息子を戒める「三本の矢」の話の場面では、親である毛利元就も正座をしています。二宮金次郎は板の間でも正座をしています。

修身教科書に正座の絵を描くことによって、当時の人々は、正座は昔から日本人の座り方だったと勘違いしたことでしょう。日本国中に正座が広まることによって、畳も人々に広まっていきました。座布団は大正時代になって広まりました。

私たちの生活様式は古来からあったのではなく、明治の政策方針のために採用され、日本中に広まっていったのです。

【参考にした本】

矢野龍彦他著『ナンバの身体論』光文社新書

丁宗鐵著『正座と日本人』講談社

矢田部英正著『日本人の座り方』集英社新書

金田伸夫著『ナンバ健康法』三笠書房

大黒屋宏芳著『〝ナンバ歩き〟奇跡のパワー』さんが出版

第五章

日本伝統文化継承運動

第一節　教育基本法改正にみる戦後の教育

1　旧法と現行法の比較で見えてくるもの

二〇〇六（平成一八）年に教育基本法が改正されました。改正後六年たちますが、その重要性はあまり取り上げられていません。

改正のポイントを知らない教師もいます。改正ポイントを調べると、戦後の日本の教育の姿が見えてきます。

前文に「伝統を継承」が入ってきました。

改正前は「個性ゆたかな文化」でした。

戦後六〇年間、伝統より個性を重んじる教育が盛んに行われてきました。自由に作文を書きなさい、自由に絵を描きなさいという教育が、あたかも子どもの個性を大事にしているかのように日本全国で行われてきました。授業時間数は大幅に減り、子どもの学力低下が進んでしまいました。ＯＥＣＤの学習到達度調査では、二〇〇〇年に一位だった数学的リテラシーが二〇〇六年には一〇位に下がりました。

戦後、教育基本法が制定されますが、制定前の法案には「伝統の尊重」という言葉が入っていました。

当時、アメリカのＧＨＱが日本を統治していました。

ＧＨＱに法案を見せるときに「伝統の尊重」を「封建社会」と誤って翻訳してしまったのです。その結果、「伝統の尊重」が旧法から消えてしまいました。

そのため日本の教育は、伝統を軽視するような方向に進むようになりました。江戸時代から受け継がれてきた指導法は継承されなくなり、大学では学校現場で役に立たないどうでもいいようなことが教えられるようになりました。教育系大学を出た教師でさえ、チョークの持ち方も知りませんでした。音読の指導もまともにできませんでした。

旧法は「個人の尊重」を前面に出しすぎていたのです。だから、指導法より子どもへの愛情のほうが大事だという精神主義が教育界を覆うことになりました。

今回の改正はこの反省に立った改正だったのです。改正法では「教育の目的」において、「個人の尊重」が大幅に削除されました。個人より「公共の精神」を強調したのです。

2 「学問の自由」の濫用

旧法も現行法も「学問の自由」という言葉を使っています。

現行法ではなんのための学問か、教育の目標を五項目に分けて明確に規定しています。旧法ではそれがありませんでした。その結果、「学問の自由」が前面に押し出され、権利を濫用する教師が現れました。たとえば、教科書を使わずに自作プリントで授業する教師が全国どこでも見られるようになりました。指導法は各教師に任されました。正しい指導法を教えられなかった教師は、自分が小学校のときに受けた方法で授業をせざるを得なくなりました。

子どもが勉強できなくても、個性という言葉で片づけられてしまいました。そして、子どもに力がつかない指導法は改善されなかったのです。それが何十年も続いてきました。

やがて、学級は荒れ、いじめがはびこり、学校は機能しなくなりました。学級の荒れは担任の責任になり、見て見ぬふりをする管理職も現れました。

学級の荒れは子どもの本音が出ている証拠だ。規律あるクラスは教師の力で子どもの個性を奪っているのだと主張する教師さえ出てきました。

そもそも教育とは、教育基本法第一条に「人格の完成を目指し、平和で民主的な国家及び社会の形成者として必要な資質を備えた心身ともに健康な国民の育成を期して」とあるように、国家を支える人材を育成するために行われるものです。

3　幼児教育・家庭教育の軽視が虐待を生んだ

旧法には幼児教育・家庭教育・生涯学習について独立した条文がありませんでした。

第七条に「家庭教育及び勤労の場所その他社会において行われる教育は、国及び地方公共団体によって奨励されなければならない。」とあるだけです。

江戸時代から続いてきた日本の伝統的な子育て、たとえば、「三つ心、六つ躾、九つ言葉、十二文、十五理で末決まる」という教えを知っている大人は少なくなりました。

幼児教育・家庭教育の軽視は、学校に身勝手な要求をする大人を生み、子どもの虐待、育児放棄という悲惨な事件を生んでいます。

座って話を聞けない。じっとしていられない。教室を立ち歩く。人のものを勝手に取る。突然近くの子をなぐる。公共物を壊す。悪いことをしても謝らない。注意するとキレて暴れ出す。

現在の学校現場の様子です。学級崩壊という言い方が定着して二〇年になります。騒がしくて授業が成立しない学級が、日本全国どの学校にも存在するようになりました。学級だけでなく学年、学校全体が崩壊している地域もあります。

学級崩壊が登場した一九九〇年代、崩壊の原因は主に教師の指導力不足でした。ですから、力のある教師に代われば崩壊は三日でなくなりました。

ところが、現在は違います。対象は子どもだけではありません。二つの事例を紹介します。

授業参観の前日、子どもどうしのけんかがありました。翌日の授業参観で、けんかをした子どもの父親がけんか相手の子の父親に大声で怒鳴り散らし、授業中、廊下で父親どうしがけんかを始めました。

返却したテストについての母親からのクレームです。間違った箇所を子どもが書き直した形跡があるのに、教師の付け間違いだと言い張り、点数を付け直すよう要求しました。

このような事例は山ほどあります。モンスターペアレントと呼ばれる保護者が昼夜に関係なく学校に押しかけ、管理職や担任に無理難題を要求するという事例が、日本全国どの学校でも起きています。そのため、精神疾患で休職する教師が年々増えています。文部科学省の調べでは、学級崩壊が新聞で大きく報道された一九九五年には一・三パーセントだったのが、二〇〇〇年には二・四パーセント。二〇〇九年には六・〇パーセントと大幅に上昇しました。

教師は問題行動をとる子どもの対応とモンスターペアレントへの対応で疲れ果て、うつ状態になって休職や退職に追い込まれるというケースが増えています。

学級崩壊は家庭崩壊の現われともいえます。離婚率と児童扶養手当支給者数は年々増えています。少子化もますます深刻な状態になっています。二〇〇七年には女性が一生で産む子どもの数（特殊出生率）は一・三四となりました。出生率は下がっていますが、十代で母親になる人数の割合は増えています。

子育てのできない親が増えています。虐待、育児放棄という厳しい環境に育った子どもたちは、愛着障害をもっています。学校で暴れたりトラブルを起こしたりして、問題行動を起こしています。しかし、子どもに罪はありません。ちゃんとした子育てができない親、そして親に正しい子育ての方法を教えなかった地域や地方公共団体、国にも責任はあります。

江戸時代、人々は寺子屋に入るまでに社会のルールやマナーを躾として子どもに徹底的に教えました。できないと子ども自身が困るし、親も笑われたからです。ところが、戦後、日本の教育が変わり、民主主義の国になってから、躾が軽んじられるようになりました。子どもの躾は親がするのは当たり前ですが、制度として社会全体で躾るということがなくなりました。親戚も地域も子どもの躾に関しては無関心になっていきました。

社会が変わったから仕方がないとか、時代の流れだから仕方がないではすまされない問題です。

現行法はこのような状況を改善するために、家庭教育の責任は親にあることを初めて明記しました。親は子どもに必要な生活習慣を身につけさせる義務を負うこと、国や地方公共団体には子育てを支援する義務があることを、第一〇条に明記しました。

4　人材育成は三〇年かかる

公教育については、今まで地方公共団体に任されてきました。

一国の将来を担う人材育成のための教育について、今まで国の役割があまりにも少なかったのです。国が手放しているあいだに教育問題はあれよあれよと膨れあがり、解決できない状態になってしまいました。

明治のはじめ、維新期の長岡藩士・小林虎三郎は『興学私議』の中で次のようにいっています。

まず「学問」を国家の最上位におくこと。そうすれば、文武百官すべてが学ぶようになる。そうして、かれらの職分が「実」となれば、それは国家を一時救う方法となるだけではなくて、万世にわたって「富強治安」へと導く謀となる。

（松本健一著『国を興すは教育にあり』より）

戦後六〇余年、民主主義と自由謳歌の中で教育を軽視し、人材を育成できなかったツケが今、大きな社会問題となっているのです。もう同じ過ちを繰り返してはいけません。

人材育成には三〇年かかります。三〇年後の日本を想像してみましょう。

今ある問題のほとんどが解決され、国際社会において価値ある発言をする人材が次々と生まれる社会でありたいと思っています。

【参考にした本】

松本健一著『国を興すは教育にあり』麗澤大学出版会

第二節　日本の伝統文化が日本を再生する

1　日本の伝統的食文化を見直そう

二〇一一（平成二三）年三月一一日、東日本を襲った大津波は二万人もの死者行方不明者を出しました。さらに、その後、福島第一原発事故が起こりました。この事故の影響で日本の伝統食が見直されています。

放射性ヨウ素が呼吸や食物から体内に取り込まれ、甲状腺に溜まります。これが甲状腺ガンや甲状腺機能低下症などの病気を引き起こすといわれています。体内に一定量のヨウ素があれば、放射性ヨウ素は甲状腺に入ることができず、体外へ排出されます。ヨウ素が不足していると放射性ヨウ素は甲状腺に入るわけです。

ヨウ素は海藻類や魚介類に多く含まれています。日本の伝統食である「一汁一菜」には、わかめや豆腐、味噌が使われています。豆腐や味噌の原料である大豆にはヨウ素の吸収を抑える働きがあります。旧ソ連のチェルノブイリ原発事故のときも、ヨーロッパの人々は日本の味噌を食べたといいます。

原子爆弾が投下された長崎で、爆心地から一・四キロメートル離れた浦上第一病院では、被爆直後に一人の死者も出ませんでした。それは玄米と味噌汁を食べていたからという証言が残っています（秋月辰一郎著『死の同心円』による）。

長寿国日本を支えた日本の伝統的な食文化には、大きな力が秘められているのです。ところが、戦後日本の食は変わりました。欧米にならって、魚中心の食事から肉食に変わりました。

米を主食とする日本の伝統食では栄養的に問題がある。欧米人のような体格になるには動物性タンパク質を多く摂る必要がある。このような理由に踊らされ、経済発展とともに豊かになっていった日本人は日本の伝統食を捨て、欧米食へと傾いていきました。

その結果、現在では生活習慣病が大きな問題となっています。

アメリカでは一九七八年に「マクガバンレポート」が出されました。肉類などの動物性タンパク質を中心とした食生活がガンの原因になると断定したのです。マクガバンレポートには、「健康を維持するためには、精製しない穀類や野菜、魚などで構成された伝統的な日本食が最も理想的である」という報告もあり、その後、アメリカで日本食ブームが起きるようになりました。

「種は遠く、産地は近く」という言葉があります。

食べ物は種が離れているほうが健康によい。肉よりも魚のほうが体によい。産地は近いほうがよい。自分が生まれ育った土地でできた農産物が一番体によい。すなわち「地産地消」が体によい食べ物であるという意味です。

2　日本の伝統的教育文化を見直そう

伝統文化の見直しは食文化だけではありません。

児童虐待が増えている現在、日本の伝統的な子育て文化が見直されています。国会で親学議員連盟ができ、日本の伝統的子育てが見直されています。

虐待を受けた子どもの三割から四割が保育器の中で育った子どもだといいます。親からしっかり抱きしめてもらえず、親の愛情を受けないで育った子どもが親になって、自分の子どもを虐待するという悲劇が起こっています（高橋史朗著『脳科学から見た日本の伝統的子育て』より）。

赤ちゃんは二〇か月までの間、泣く時期があります。「子供が脳の急速な変化に驚いて泣いている」（高橋氏の前掲書一二ページ）わけですが、親にはその理由がわかりません。だから親自身がどうしてよいかわからず虐待してしまうケースが多いようです。

昔から赤ちゃんが泣いたら抱っこしてあやすと泣き止みます。当たり前のことですが、これができないのです。

昔から日本人が当たり前のようにやってきた三つの方法が子育ての原点なのです。赤ちゃんの接し方には次の三原則があります。

一つは「豊かな言葉がけ」赤ちゃんの目を見て話しかけること。

二つめは「笑いとあやし」「いない、いない、ばぁー」

三つめは「たかい、たかい」などのリズム運動です。

そしてこの三つは、自閉症の子にも有効だと高橋氏は書いています。（前掲書二九ページ）

日本の伝統的子育ての格言をいくつか紹介します。

三つ子の魂百まで。

三つ心、六つ躾、九つ言葉、十二文、十五理で末決まる。

乳児はしっかり肌を離すな。幼児は肌を離しても手を離すな。少年は手を離せ目を離すな。青年は目を離せ心を離すな。

可愛くば二つ叱りて三つほめ、五つ教えて良き人にせよ。

しっかり抱いて、下に降ろして、歩かせよ。

これらは脳科学的にも根拠のある格言なのです。

たとえば、「三つ子の魂百まで」というのは、三歳までに覚えたことは百歳になっても決して忘れないという意味です。

これは知識のことをいっているのではありません。三歳という歳は物事の善悪がわかり始める歳です。また、愛情や感情の起伏・喜怒哀楽など、子どもの性格といわれるような基本的性質、さらに、困難に立ち向かう子か、嫌なことから逃げ出す子かなどの人格の基礎が形作られる時期なのです。だから、この時期までは愛情深く子どもに接し（三つ心）、人に対する信頼感をもたせることが大事です。昔の日本人は三歳の大切さを経験的に知っていました。

3　二〇世紀はモノの時代、二一世紀は心の時代

二〇一一（平成二三）年、新学習指導要領が小学校で完全実施となり、新教科書を使って授業が始まりました。

国語の教科書には神話・昔話、短歌・俳句、漢文・古文が入ってきました。

それだけではありません。「春の七草」「五穀豊穣」「重陽の節句」といった日本の伝統的な言葉も教科書に載っています。

以前の教科書では、日本の名作が消え、ファンタジー作品に変わり、定型詩から自由詩に変わりました。日本古来からある七五調の定型詩が教科書からなくなっていくことに、私は危機感を感じていまし

た。しかし、新教科書になり日本の文化を再考する機会ができてうれしく思っています。

戦後、日本は焼け跡から復興するために高度経済成長を目指しました。その結果、日本人は豊かになり、家庭には今までなかった電化製品が入ってきました。

飽食の時代と呼ばれたように、食べ物にも困らない生活を多くの日本人は送っています。二〇世紀は世界的に見ると物欲の時代でした。ほしいものが何でも手に入った時代でした。そんな時代に育った現在の若者は、生まれたときから何不自由なく大人になりました。ほしいものはすでにそろっています。だから彼らはものではなく、心の豊かさを求めているといえるのです。

今、外国では日本食ブームです。握り寿司が爆発的にヒットしているそうです。寿司だけではありません。日本のアニメも超人気です。

日本にやってくる留学生の中には、日本の着物を着て、茶道体験にあこがれる人もいます。

大阪の堺市では、小学校で茶道の授業を行っています。

日本の伝統文化を後世に残す運動は、小さいながらも始まっています。

子どもたちに教えるためにはテキストが必要です。私は仲間と協力して「日本伝統文化テキスト」を作りました。現在二〇冊のテキストが完成しています。タイトルだけ紹介します。

1　農耕稲作から生まれた日本文化

2　日本の暦とお正月

3　日本の行事と通過儀礼

4　日本の衣・着物のルーツと帯結び体験

5　日本の食文化のくふう

日本伝統文化テキスト10冊（全20冊で完結）

6　縄文時代から伝わる日本の住居
7　日本の芸能・能と歌舞伎
8　日本の古典・和歌と俳句
9　日本の世界遺産―京都・奈良
10　郷土に根付く日本の祭り
11　日本人の美の意識と結びついたお茶文化〝茶道〟
12　手の文化が生んだ日本のスポーツ「相撲」
13　江戸の教育
14　日本の伝統遊び
15　江戸時代の人々が楽しみにしていた～江戸の「観光文化」を学習しよう～
16　日本の伝統「風呂敷」の文化
17　江戸の旅文化―お伊勢参り―
18　日本の絵画～鳥獣人物戯画・山水画・浮世絵～
19　現代に生きる古伝の術・古武道
20　世界が真似た日本文化～ジャポニスム～

このテキストを使って小・中学校で授業をしています。
一テキスト一〇〇人の子どもたちに授業をする運動を続け

ています。二〇冊あるので、全部達成するとのべ二〇〇〇人になります。

すでに一の『農耕稲作から生まれた日本文化』、一一の『日本人の美の意識と結びついたお茶文化〝茶道〟』、十二の『手の文化が生んだ日本のスポーツ「相撲」』は目標の一〇〇人を突破しました。大多数の子どもが「日本の文化のことがよくわかった」と答えています。中学一年生の感想を一部紹介します。

「茶道」というものができて、日本の伝統はすばらしいと思う。千利休は、亡くなった後でも、茶道をうけつがれ、様々な人に茶道のすばらしさを教えているのだと思う。

今までうっすらとしか知らなかった千利休が、茶の湯を作り、そこから三つも流派が完成していたのは、驚いた。今は、すごくお茶が身近にあるけど、昔はすごく貴重なものなんだと思うと、これからお茶を飲むのがおそれおおくなるな、と思った。

問題を解いているのが楽しかった！　特に、クロスワードがもっとしたいな。ほんの少し？　問題を解いただけだけど、すごく頭の中に内容が入ってきた。茶道に興味がなかったけれど、興味がもてるようになった。

コラムとかもあって、初めて知ったこともあって、楽しく勉強ができました！

二〇〇〇人の目標を達成したら、さらに増やしていくつもりです。

この運動は子どもたちだけではなく大人も対象としています。二〇一一（平成二三）年一〇月には、千利休のふるさとである大阪府堺市で「日本伝統文化継承運動セミナー」を開きました。教員や一般の方七〇名の参加でした。

このセミナーでは「日本伝統文化テキスト」の使い方を中心に、日本文化のすばらしさ、おもしろさを伝えていきました。参加された方の感想を紹介します。

三時間ぐらいがあっという間でした。遊びを取り入れた講義だったので、楽しかったです。子どもたちが早いうちからこのようなことを学ぶと、その子の世界がさらに大きくなっていくので学習の大切さを改めて実感しました。今日はありがとうございました。（一般）

途中からの参加でしたが、非常に聞きやすく、おもしろかったです。意外に自分が知らないことが多くて、とても勉強になりました。直接、子どもたちに伝えてほしいと思ったので、そういった場も考えてもらえればと思います。次回も参加させてもらいます。（一般）

日本の伝統文化が日本人の生活に密着していること。日本人なら当たり前と思ったことはそうではない。ふつうであってふつうでない。だから伝統なのだと思いました。テキストは洗練されていて、子どもにぜひ使ってみたいと思いました。大切なものをひきついでいく。新しいものを取り入れ進化させていく日本の伝統文化を大切にしたいと思います。（教員）

学校での子どもの様子を見ていると、日本のすばらしい伝統文化が伝わっていないと危機感をもっています。今日のこのようなセミナーは絶対に必要で大切だと思いました。（教員）

まだ小さな運動ですが、子どもたちが日本の文化に少しでも興味を示してくれることを期待しています。

【参考にした本】

秋月辰一郎著『死の同心円』長崎文献社
中江克己著『江戸の躾と子育て』詳伝社新書
高橋史朗著『脳科学から見た日本の伝統的子育て』モラロジー研究所

あとがき

日本は美しい自然に囲まれた国です。山々を見ると春は青、夏は緑、秋は赤、冬は白と、日本の四季はさまざまな色を楽しませてくれます。

季節は人の一生のようです。春が生命の誕生、夏は生命の躍動期、秋は高齢期、そして冬に眠りにつく。人ははるか遠い昔から自然とともに生き、自然の中で眠りについてきたのです。

第一章ではまさにその自然のことを書きました。自然との調和によって私たちは生かされています。特に日本の文化は自然なくしては成り立ちません。日本の住居は木でできています。私たちが着ている服は自然の恵みから生まれました。

衣食住だけではありません。自然とともに生きた古の人々は、美しい日本語を残してくれました。第二章はこの日本語に焦点をあてています。「筆の花」「花の舞」「菜種梅雨」「風花」などがそうです。このような美しい言葉が日本にはたくさん残っています。

第三章は江戸文化の素晴らしさを紹介しました。江戸の識字率はこの当時で五〇パーセントを超えていました。同じ時代、ロンドンやパリでは二〇パーセントもありませんでした。

識字率の高さは人々に新しい文化への興味と関心をもたせました。当時の江戸は観光立国であり、ごみや争いの少ない大都市だったようです。人々はお互い、トラブルを防ぐために知恵を出し合って「江戸しぐさ」という文化を作り出しました。

江戸時代といえば士農工商の厳しい社会で、農民は貧しい生活を強いられていたと中学校の教科書で学習したかもしれませんが、決してそれだけではなく、年貢も江戸中期になると一公九民という驚くほど低い地域もあったようです。

第四章には驚かれたかもしれません。文明開化と富国強兵を目指していた日本にとって、明治の政策は、それまでの文化を一八〇度転換させるものでした。

今、江戸時代が見直されています。研究者の努力によって、今まで常識と思われてきたことがそうではなかったことが少しずつ明らかになってきました。雑学家の古川愛哲氏は『江戸の歴史は大正時代にねじ曲げられた』（講談社＋α新書）で詳しく論じています。江戸時代を舞台にした映画やドラマが、人々に江戸時代の強烈な印象を作り上げました。この印象は消えるどころか、拡大再生産して広がっています。

最後の第五章「日本伝統文化継承運動」では、私が所属する日本で一番大きい民間教育団体ＴＯＳＳの仲間とともに取り組んでいる運動のことを書きました。消えつつある日本の伝統や文化を若者や子どもたちに継承しなければなりません。私の主張と現状を紹介しました。

本書を手に取っていただいた読者の方々にお願いがあります。本書の内容を同僚や友人、自分の子どもや孫に語り継いでいただければ幸いです。

平成二四年七月

松藤　司

◎著者紹介

松藤 司（まつふじ つかさ）

1954年大阪に生まれる。関西大学経済学部卒業。公立小学校の教員を30年以上勤める。明治図書より『松藤司の知的授業作り』シリーズ他多数出版。皇學館大学非常勤講師「伝統の心と技」担当。民間教育団体TOSS会員。日本教育技術学会会員。

先生《せんせい》も生徒《せいと》も驚《おどろ》く日本《にほん》の「伝統《でんとう》・文化《ぶんか》」再発見《さいはっけん》

2012年8月1日　初版発行
2014年8月1日　第2版発行
2017年4月11日　第3版発行

著　者　松藤 司
発行者　小島直人
発行所　株式会社 学芸みらい社
〒162-0833 東京都新宿区簞笥町31簞笥町SKビル
電話番号 03-5227-1266
http://www.gakugeimirai.jp/
E-mail : info@gakugeimirai.jp
印刷所・製本所　藤原印刷株式会社
装　丁　荒木香樹
編集協力　山家直子

落丁・乱丁本は弊社宛お送りください。送料弊社負担でお取り替えいたします。
©Tsukasa Matsufuji 2012 Printed in Japan
ISBN978-4-905374-10-7 C3037